AF592299

DE LA LÉGISLATION

SUR

LES COURS D'EAU.

DE LA LÉGISLATION

SUR

LES COURS D'EAU,

PAR

M. LE BARON DE MONVILLE,

PAIR DE FRANCE.

A PARIS,

Chez DESRAY, Libraire, rue Haute-Feuille, n.° 4.
DELAUNAY, Libraire, au Palais-Royal, Galeries de Bois, n.° 243.

DE L'IMPRIMERIE DE DIDOT LE JEUNE.

1817.

DE LA LÉGISLATION

SUR

LES COURS D'EAU.

Il n'y a plus en France de limite précise entre les pouvoirs judiciaires et administratifs, si ce n'est qu'il n'est resté aux tribunaux que ce que l'administration n'a pas envahi.

Chaque citoyen est entre le juge et l'administrateur. Les intérêts particuliers remuans s'adressent de préférence à la variation administrative; les intérêts particuliers paisibles préféreraient l'uniformit des tribunaux, et cette balance de la justice qui, par son indifférence au mouvement, reprend toujours la même situation.

Dans l'incertitude des attributions, dans le conflit des compétences, les préfets hésitent le moins, tant leur a été acquise de latitude par la manie de tout administrer qui caractérisait le gouvernement qui vient de tomber. Cette fausse direction, donnée à l'intérieur, a plus contribué à sa chute que les revers de la guerre; de même que la lassitude, les maladies internes, les inconséquences du régime détruisent plus d'armées que le fer de l'ennemi.

Un trône antique, que nous sommes heureux de rasseoir, doit trouver dans les deux chambres une base inébranlable. Chaque Français doit voir, dans les pouvoirs concourans à la loi, ce que la législation a d'intérêt public; chaque Français doit trouver dans les corps distributeurs de la justice émanée du roi, la sauvegarde de ses intérêts individuels.

L'homme s'agite dans son inquiétude; il perd l'esprit de citoyen par ses craintes ou par ses prétentions, quand l'impassiblité de la règle ne plane pas sur lui, tant pour le protéger que pour le contenir.

La question de législation dont il va être traité peut paraître d'un petit intérêt, si on ne la considère que comme une centième partie de la législation générale : elle prendra plus d'importance quand elle sera, par les faits qui vont être rapportés, un exemple de l'invasion du pouvoir administratif sur le pouvoir judiciaire, une occasion d'apprendre qu'un propriétaire peut être suspendu administrativement de sa propriété comme un fonctionnaire de ses fonctions, comme un receveur en débet.

On se plaint et on s'étonne avec raison des contestations sans fin auxquelles donnent lieu les cours d'eau ; elles viennent de ce que la législation sur cette matière est devenue obscure et remplie de contradictions. On va rappeler les lois : les dispositions vagues des plus nouvelles altérera la clarté des lois antérieures ; des décrets impériaux vont détruire des lois ; des décisions du conseil d'état vont se contredire les unes les autres.

Cette matière a cependant ses principes certains, comme toute autre partie de la législation a les siens. Mais des intérêts particuliers favorisés sous le prétexte de l'intérêt public, la rivalité de compétence judiciaire et administrative, toujours décidée en faveur de l'administration, ont introduit une étrange législation dans quelques localités, et le doute partout où la question s'élevera, parce que l'on peut citer pour et contre des actes faisant autorité.

Ce sujet s'élevera jnsqu'à des questions générales. Il faut considérer qu'il n'y a pas un filet d'eau qui ne se rende à quelque grande rivière où il devient du domaine public : il n'y en a pas un qui, avant de se rendre à la Seine, à la Loire ou au Rhône, n'ait porté la fertilisation dans l'intérieur, n'ait fait mouvoir des usines, et n'ait par conséquent mille fois passé sur des propriétés privées, qui toutes peuvent se disputer cette jouissance mobile. Ensuite cette eau entre sur le domaine public, où elle est régie par des lois particulières à cette nature de biens, et d'où l'administration veut prétendre faire remonter sa juridiction et même sa propriété jusqu'à la source même.

L'irrigation est, en agriculture, d'un grand intérêt. Cet art est porté à un grand degré de perfection dans quelques parties de la France; négligé dans d'autres, il y acquerra son prix avec le temps qui propage l'industrie. La pente des eaux, appliquée aux roues mouvantes, procure le moteur le plus économique qu'on puisse employer : l'industrie manufacturière s'en empare de jour en jour. Ces deux intérêts sont presque toujours opposés. La querelle qui ne s'agite encore que dans quelques départemens, et qui y est résolue de diverses manières, bientôt deviendra générale. Les intérêts agricoles ont à y prendre garde : car bien qu'un établissement manufacturier n'équivale pas à une paroisse, il fera soumettre vingt paroisses au régime qu'il croit lui convenir. Il ne faut pour cela, j'emprunte ici l'expression dont s'est servi un manufacturier : *Il ne faut pour cela qu'un bout d'arrêté.*

Les questions qui s'élèvent en raison de ces prétentions sont celles-ci: Le propriétaire d'une source en peut-il faire un usage quelconque, soit pour son utilité, soit pour son agrément, sans l'intervention de l'administration? Lui faut-il une permission administrative pour en disposer sur son propre fonds, et en la rendant au fonds immédiatement inférieur? Les propriétaires riverains des cours d'eau non navigables ni flottables ne peuvent-ils en arroser leurs prairies sans la permission de M. le préfet? Ne peuvent-ils y établir un moulin sans la permission de M. le préfet, qui, apparemment, peut la refuser ou la faire attendre indéfiniment? Cette permission, sur une propriété privée, peut-elle porter la clause que l'usine pourra être demolie, à la volonté du gouvernement, sans indemnité; en sorte que le propriétaire qui construit un moulin sur son fonds ne soit plus qu'un concessionnaire du domaine? Enfin, tout ce qui est eau est-il de la compétence administrative? et n'est-il plus de la compétence judiciaire?

Voilà des questions qui peuvent paraître fort étranges, mais qui sont toutes résolues, et sans difficulté, contre les propriétaires dans quelques départemens. La question finale est celle-ci : Tous les départemens passeront-ils sous ce joug que l'intérêt mal entendu de quelques usines impose à la propriété ?

Comme j'expose ici des faits qui pourraient paraître exagérés, je suis forcé d'en produire les preuves. Les seules que je puisse avoir, ce sont les pièces d'affaires qui me sont personnelles. La publicité que je donne à ce qui me regarde n'est donc qu'un point de départ indispensable, fixé par des pièces authentiques, pour, de là, arriver aux questions générales sur la propriété des eaux et leur police, sur la distinction des pouvoirs judiciaires et administratifs. Nous mettrons en balance la valeur de l'industrie manufacturière avec la valeur de l'industrie agricole. Nous toucherons quelques mots de la consistance que la loi doit à la propriété, en comparaison de la protection agissante que l'administration voue aux manufactures. Nous demanderons si le droit inhérent au sol, semblable à l'inertie de sa masse ; si l'industrie agricole, égale aux bienfaits de la nature, ne sont pas d'une autre considération dans la nation et dans tous les pays, que les prétentions oppressives et les entreprises chanceuses de quelques manufactures.

PREMIÈRE PARTIE.

Législation générale sur les Cours d'eau.

§. I.er

Ordonnance des eaux et forêts.

Art. 40. « Ne seront tirés terres, sables et autres matériaux, à six « toises près des rivières *navigables*, à peine de cent livres d'amende.

Art. 41. « Déclarons la propriété de tous les fleuves et rivières *portant bateaux*, de leur fonds sans artifices et ouvrages de mains, « dans notre royaume et terres de notre obéissance, faire partie du « domaine de notre couronne, nonobstant tous titres et possessions « contraires. »

Art. 42. « Nul, soit propriétaire ou engagiste ne pourra faire moulins, bâtardeaux, — ni autres édifices ou empeschemens nuisibles « au cours de l'eau dans les fleuves et rivières *navigables et flottables* », etc.

Art. 43. « Ceux qui ont fait bâtir moulins, écluses, — dans l'étendue des rivières *flottables et navigables*, sans en avoir obtenu la « permission de nous, — seront tenus de les démolir », etc.

Art. 44. Défendons à toutes personnes de détourner l'eau des « rivières *flottables et navigables* », etc.

Une rivière sur laquelle la navigation ou le flottage sont établis, est une voie publique, entretenue et réparée sur les fonds publics : le gouvernement en confie l'administration à ses agens : elle fait partie du domaine public. L'ordonnance des eaux et forêts ne contient en cela que les dispositions de plus anciennes ordonnances.

Ce qui n'est pas du domaine public est propriété privée. L'ordonnance ne contenant aucune disposition, même de police, sur les rivières non navigables, les laisse donc aux propriétaires, et les contestations qui les concernent aux tribunaux ordinaires, comme il en est de toute autre propriété. Il n'y avait nulle difficulté à cet égard dans l'ancienne législation.

Quelques-uns veulent prétendre que la police des petits cours d'eau ayant été soumise à la justice des seigneurs qui avaient la petite voirie, l'administration publique doit les remplacer aujourd'hui. D'abord, les cours d'eau non navigables ne sont ni petite ni grande voirie : ensuite le droit féodal auquel ils pouvaient être soumis a été supprimé, non au profit du domaine public, mais au profit du propriétaire du fond ; comme le droit de chasse a été réuni au fond, et le droit de pêche au fond riverain sur les rivières non navigables. D'ailleurs, les droits de prise d'eau sur ces petits cours d'eau se jugeaient par les principes du droit romain, qu'on nommait *la raison écrite*, et qui n'était pas le droit féodal ; ainsi, cette propriété privée est fondée sur la nature des choses, sur la loi ancienne et sur la loi nouvelle.

Le gouvernement veut-il percer une grande route, ouvrir un canal de communication, rendre navigable une rivière qui ne l'est pas, il achète les fonds de terre où il veut asseoir ses travaux ; il paie la valeur des maisons qu'il fait démolir ; il indemnise des droits qu'il fait perdre ; il devient propriétaire. Comme tel, il a la libre disposition, dans l'intérêt public des fonds qu'il a acquis avec les deniers publics ; et comme pouvoir exécutif, il a l'administration ainsi que la police de ce genre de domaine.

Le gouvernement anime, protége l'industrie agricole et manufacturière. Il est souvent possible de faire sur les rivières navigables, sur les canaux généraux, sans nuire au service public, des prises d'eau ou des usines pour le service d'intérêts particuliers. Le gouvernement accorde alors, sur son fonds, ce qu'on nomme des concessions. Il y a deux sortes de concessions, les révocables et les irrévocables.

Les concessions révocables sont celles sur les cours d'eau du domaine public, ou sur d'autres fonds de ce domaine, comme le rayon des places de guerre. Il se peut que par la suite ces concessions deviennent nuisibles, que le terrain en doive être débarrassé; on insère donc dans l'acte de concession cette clause : que l'établissement pourra être détruit sans indemnité. Enfin, c'est le gouvernement qui est propriétaire; il peut imposer à ceux qui désirent s'établir sur son fonds, ou emprunter ses cours d'eau, telle condition qu'il lui plaît. Il s'ensuit encore que ces travaux, dont il concède la faculté, doivent être réglés par les fonctionnaires spéciaux aux travaux publics, qui doivent donner les mesures et toutes les conditions de solidité : 1.° pour bien circonscrire l'étendue de la concession; 2.° pour s'assurer qu'il ne sera causé au canal ou à la rivière aucun dommage par vice de construction.

Les concessions irrévocables sont celles des palus, marais, bruyères, landes, lorsqu'elles sont du domaine de la couronne. Elles ont encore lieu pour les lais et relais de la mer. Le gouvernement vend ou concède à perpétuité ces terrains, à la charge de les mettre en valeur. Cette excellente disposition est due à Henri IV.

On connaît encore une troisième espèce de concession, c'est celle que le gouvernement fait de terrains qui ne lui appartiennent pas. Il donne le droit d'exploiter les mines sous le fond d'autrui, parce que sans une certaine étendue les produits ne vaudraient pas la mise. Il donne à celui qui a trouvé une mine un droit de suite, sur les ramifications de sa découverte, mais en payant des indemnités. Ce cas de concession singulière est encore celui où des marais appartenans à des particuliers, ou à des communes, répandent un air malfaisant; alors, sous le rapport de la salubrité, le gouvernement autorise des entrepreneurs à exécuter un dessèchement, et oblige les propriétaires, soit à céder le fonds aux entrepreneurs, soit à leur payer une part de la plus-value que ces fonds acquerront par le déssèchement. On a un exemple récent de ce genre de concession dans le n.° 164 du Bulletin des lois de cette année. Cette concession paraît faite dans les principes que nous établissons ici : on y remarque tout ce que la justice réclame en faveur de la propriété : on y reconnaît un bon administrateur.

Mais que l'administration concède à un particulier la permission de construire un moulin, ou de prendre l'eau pour l'irrigation sur un ruisseau qui appartient à ce particulier, des deux bords, au-delà et en-deçà ; que l'ingénieur lui impose les dimensions des constructions, et le ministre la clause de leur destruction sans indemnité, dans le cas où le gouvernement le jugerait à propos ; c'est ce qui doit paraître inconcevable. Cela est pourtant, et la preuve authentique en sera produite.

Les principes établis par l'ordonnance des eaux et forêts, dont on vient de lire les articles, sont parfaitement conservés par le code civil, ils y sont même plus fortement établis en faveur de l'indépendance des propriétés particulières. Mais, pour suivre l'ordre des dates, il faut citer d'abord les lois intermédiaires ; celles-là vont tout brouiller.

§. II.

Instruction du 12—20 *août* 1790, *et Décret du* 24 *du même mois.*

Ces actes législatifs renferment beaucoup de dispositions sur la police rurale ; voici le seul passage qui ait trait aux cours d'eau.

« Les administrations de département sont chargées d'indiquer les « moyens de procurer le libre cours des eaux ; d'empêcher leur « trop grande élévation par l'effet des moulins, ou de tout autre « ouvrage d'art que l'on *établirait induement*, et enfin de diriger, « autant que possible, toutes les eaux de leur territoire vers un but « d'utilité générale, d'après les principes de l'irrigation. »

Toutes les eaux de leur territoire. En vertu de cette expression, les sources qui, aux termes du code civil, sont une propriété particulière, les ruisseaux qui, d'après le même code, ne sont pas du domaine public, tombent sous la surveillance de MM. les préfets, qui se chargent de les diriger vers un but d'utilité générale. Mais qu'est-ce que l'utilité générale, est-ce l'intérêt de deux contre un? On pouvait quelquefois le mal mesurer, ainsi que je le ferai voir. Par le fait, l'administrateur sacrifie les eaux à l'intérêt qui prévaut dans son esprit; alors, le propriétaire n'y peut plus toucher, même dans son jardin, sans le rapport de l'ingénieur, l'arrêté du préfet, l'approbation du ministre, et la concession de sa propre chose.

Que l'on établirait induement. Ou l'on entend les constructions sur les rivières navigables; car, jusqu'à cette époque il ne pouvait y avoir d'autres constructions indues : ou l'on entend qu'elles seront toutes indues à l'avenir, si elles ne sont pas dirigées par l'administration. C'est ainsi que l'ont pris quelques préfets.

Au reste, cette pièce ne devrait pas être invoquée contre des lois postérieures telles que le Code civil.

§. III.

Loi du 6 octobre 1791.

Art. 4 » Nul ne peut se prétendre propriétaire exclusif des eaux d'un « fleuve ou d'une rivière *navigable ou flottable*; en conséquence, « tout propriétaire riverain peut, en vertu du droit commun, y « faire des prises d'eau, sans néanmoins en détourner ni embarrasser « le cours d'une manière nuisible au bien général et à la navi- « gation établie. »

Art. 16 du titre 2. « Les propriétaires ou fermiers des moulins « et usines, construits ou à construire, seront garans de tous dom- « mages que les eaux pourraient causer aux chemins et aux proprié- « tés voisines, par la trop grande élévation du déversoir ou autre- « ment. Ils seront forcés de tenir les eaux à une hauteur qui ne « nuise à personne, et qui sera fixée par le directoire de départe- « ment (le préfet), sur l'avis du directoire de district (le sous-

« préfet). En cas de contravention, la peine sera une amende qui « ne pourra excéder la somme du dédommagement. »

Où trouverait-on un acte de législation civile plus absurde que celui-ci? Voilà que les prises d'eau sur les rivières du domaine public deviennent de droit commun en faveur des riverains; voilà qu'ils peuvent s'en emparer, sans intervention préalable du préfet et sous-préfet, sauf après, s'ils embarrassent le cours de la navigation, à voir quel parti on prendra. Voilà qu'en même temps on ne peut établir un moulin sur un cours d'eau particulier sans l'autorisation préalable de l'administration, de peur, dit la loi, que ce moulin ne nuise à quelqu'un.

Mais si un moulin ou tout autre ouvrage nuit au droit d'autrui, n'y a-t-il pas des juges pour en décider? et si, après les mesures données par M. le préfet, ce moulin nuit encore au droit d'autrui, comme il se voit trop souvent, qui en décidera? comment faire?

Cette loi doit naturellement entrer pour beaucoup dans les droits que des préfets ont pris, d'avoir une juridiction totale sur les cours d'eau, sans distinction; elle est partie intégrante d'une nouvelle législation sur cette matière : en voici la recette. Prenez de l'ordonnance des eaux et forêts, les mots *autres édifices et empêchemens* qu'il est interdit de faire sur les rivières; supprimez les mots *navigables ou flottables;* prenez, de la loi du 6 octobre 1791, les mots, *moulins qui ne doivent nuire à personne;* prenez, de l'instruction des 12-20 août 1790, les mots, *tout ouvrage d'art*, et ceux-ci, *diriger les eaux de leur territoire vers un but d'utilité générale;* mêlez ensemble, et vous aurez la compétence de l'administration sur tous les cours d'eau.

§ IV.

Arrêté du directoire exécutif, du 19 ventose an 6.

Art. 9. « Il est enjoint aux administrations centrales et municipales « de veiller avec la plus sévère exactitude à ce qu'il ne soit établi

« par la suite aucun pont, aucune chaussée permanente ou mobile, « aucune écluse ou bâtardeau, usine ou moulin, digue ou autre « obstacle quelconque au libre cours des eaux sur les rivières « *navigables ou flottables*, dans les canaux d'irrigation ou de des- « sèchemens *généraux*, sans en avoir préalablement obtenu la « permission de l'administration centrale, etc. »

L'instruction du ministre (19 thermidor an 6) sur l'exécution de cet arrêté, ne porte de même que sur les rivières navigables etc. Cet arrêté est parfaitement conforme aux principes: ne faisant nulle mention des autres cours d'eau, il semblerait qu'il les laisse à la discussion des intérêts particuliers devant les tribunaux. Cependant cet arrêté sert aussi de considérant aux préfets, qui commandent sur les cours d'eau particuliers : il est vrai que, dans ce cas, ils omettent de citer ces mots, *navigables*, *flottables*, *généraux*.

§. V.

Code civil.

Art. 544. « La propriété est le droit de jouir et disposer des choses « de la manière la plus absolue, pourvu qu'on n'en fasse pas un « usage prohibé par les lois et les règlemens. »

Il est difficile d'arranger cet article avec le droit de direction et de répression des administrations départementales ou générales sur les cours d'eau particuliers.

Art. 545. « Nul ne peut être contraint de céder sa propriété, si « ce n'est pour cause d'utilité publique, et moyennant une juste et « préalable indemnité. »

La charte royale consacre le même principe : il est sous-entendu, qu'il s'étend aux droits inhérens à la chose. On ne peut priver une maison du droit de vue, par exemple, pas plus qu'on ne peut en déposséder le propriétaire ; et l'on ne peut rendre un courant d'eau nul entre les mains du propriétaire pas plus qu'on ne peut l'en déposséder sans indemnité ; il faut de plus que se soit pour cause d'utilité publique. On entend par ces mots ce qui est à l'usage de tous, comme un chemin; ou pour la défense de tous, comme une place de guerre : mais vouloir être l'utilité publique, le bien général, comme certains manufacturiers le prétendent, et argumenter de là, pour asservir à leur convenance des propriétés qui leur sont étrangères, c'est confondre toutes les notions : encore faudrait-il qu'ils indemnisassent. L'utilité publique, devant qui la propriété particulière cède après une juste indemnité est celle qui est hors de tout équivalent.

Art. 537. « Les particuliers ont la libre disposition des biens qui « leur appartiennent, sous les modifications établis par les lois. Les « biens qui n'appartiennent pas à des particuliers sont administrés, « et ne peuvent être aliénés que dans les formes et suivant les règles « qui leur sont particulières. »

Art. 538. « Les chemins, routes et rues *à la charge de la nation*, « les fleuves et rivières *navigables et flottables*, les rivages, lais et « relais de la mer, les ports, les hâvres, les rades, et généralement « toutes les portions du territoire national qui ne sont pas susceptibles « d'une propriété privée, sont considérés comme des dépendances « du domaine public. »

Cela est clair. Ainsi les cours d'eau qui ne sont ni flottables, ni navigables, et qui ne sont pas à la charge de la nation, sont à la libre disposition des particuliers, sauf les modifications établies par les lois, mais non par des arrêtés, fussent-ils approuvés par le ministre. On prétendra que cet article maintient les dispositions de la loi du 6 octobre 1791, puisqu'elle est une loi. On répondra que la distinction rétablie ici, entre le domaine public et la propriété privée, affranchit celle-ci des règles qui ne sont applicables qu'à l'autre; car ce titre est intitulé, de la distinction des biens; et que la loi de 1791 se trouve ici abolie sous le rapport des prises d'eau sur les rivières publiques, comme sous celui de l'administration publique sur les cours d'eau particuliers.

Art. 640. « Les fonds inférieurs sont assujettis envers ceux qui « sont plus élevés, à recevoir les eaux qui en découlent naturellement, sans que la main de l'homme y ait contribué; le propriétaire inférieur ne peut point élever de digue qui empêche cet « écoulement. Le propriétaire supérieur ne peut rien faire qui aggrave la servitude du fonds inférieur. »

Le propriétaire supérieur ne peut priver l'inférieur des eaux qui lui sont utiles, ni les lui envoyer d'une manière qui lui soit nuisible. Le propriétaire inférieur ne peut faire refluer l'eau sur le supérieur. Tout cela veut dire, que les propriétaires supérieurs et inférieurs peuvent faire sur leur propriété telle disposition des eaux qui leur convient, sauf à les tenir, à la limite de leur propriété, dans leur état naturel. Les difficultés sur ce sujet doivent donc être, comme toutes les autres, soumises aux tribunaux, pour qui le code civil est fait, et non pour l'administration.

Art. 641. « Celui qui a une source dans son fonds peut en user à « sa volonté, sauf le droit que le propriétaire du fonds inférieur « pourrait avoir acquis par titre ou par prescription. »

Comment, d'après cet article, un préfet peut-il venir régler une source chez le propriétaire même?

Art. 643. « Le propriétaire d'une source ne peut en changer le « cours lorsqu'il fournit aux habitans d'une commune, village ou « hameau l'eau qui leur est nécessaire; mais si les habitans n'en ont « pas prescrit l'usage, le propriétaire peut réclamer une indemnité, « laquelle est réglée par experts. »

Cette disposition n'a évidemment trait qu'à l'usage de l'eau pour boisson, comme chose de première nécessité. Peut-on croire qu'en raison de cette restriction en faveur des premiers besoins d'un hameau, des usines inférieures prétendent empêcher le propriétaire d'une source de la diriger à droite ou à gauche sur son terrain, d'en arroser deux de ses arpens au lieu d'un, de l'appliquer au mouvement d'un moulin; qu'elles le prétendent sans titre, sans prescription,

3

sans indemnité? On croira encore moins que des préfets et des administrations générales puissent soutenir le même système; on verra cependant qu'ils le font.

Art. 644. « Celui dont la propriété borde une eau courante, autre « que celle qui est déclarée *du domaine public* par l'article 538, « au titre de la distinction des biens, peut s'en servir à son passage « pour l'irrigation de ses propriétés. Celui dont cette eau traverse « l'héritage peut même en user dans l'intervalle qu'elle parcourt; « mais à la charge de la rendre, à la sortie de ses fonds, à son cours « ordinaire. »

Celui qui ne borde une eau courante que d'un côté peut s'en servir à son passage, etc.; celui qui la borde des deux côtés, c'est-à-dire dont l'héritage est traversé par cette eau, en est libre possesseur dans tout l'intervalle qu'elle parcourt : il faut bien que, hors de chez lui, il la rende à son cours ordinaire. On demande à quel titre, depuis que le Code civil est fait, l'administration publique se mêle de ce que font les propriétaires sur les cours d'eau autres que ceux qui sont déclarés *du domaine public* au titre de la distinction des biens? Cette distinction n'entraîne-t-elle pas celle de la compétence? Or jamais un tribunal ne s'avisera de décréter que personne ne pourra toucher aux bords d'une eau courante sur son fonds qu'il n'ait, lui tribunal, préalablement envoyé un commissaire pour régler l'usage qu'il permettra d'en faire. Il est sensible que, par cet article, on peut, par exemple, faire un moulin quand on est propriétaire des deux rives; qu'on peut y appliquer la pente que la rivière a dans l'intervalle qu'elle parcourt sur le même propriétaire; que, si on excède cette limite, le riverain lésé se fera rendre justice par les tribunaux, ainsi qu'il résulte de l'article suivant.

Art. 645. « S'il s'élève une contestation entre les propriétaires à « qui ces eaux peuvent être utiles, *les tribunaux*, en prononçant, « doivent concilier l'intérêt de l'agriculture avec le respect dû à la « propriété; et dans tous les cas, les réglemens particuliers et locaux « sur le cours et l'usage des eaux doivent être observés. »

Remarquons les termes dans lesquels la loi s'abaisse devant la propriété, c'est le respect qu'on lui porte ; ensuite vient l'intérêt de l'industrie agricole. Il n'est pas même fait mention des usines. Les usages et règlemens locaux sont maintenus ; mais la loi et les principes dans lesquels elle est faite sont loin d'autoriser MM. les préfets à faire à l'avenir des règlemens qui touchent à la propriété qu'ils doivent respecter, et qui nuisent à l'industrie agricole en faveur des usines. On mettrait en question de savoir si un particulier peut ne pas obéir à des arrêtés de cette espèce ; on le mettrait en question, si le préfet n'avait pas la gendarmerie pour les faire exécuter. Il faut donc introduire dans la législation en faveur des citoyens une garantie contre cet arbitraire inséparable de la position d'un administrateur unique, qui taille tous les jours avec son commis je ne sais combien d'arrêtés, qui souvent sont des dispositions générales ou des jugemens. Cette garantie je la proposerai ; elle sera prise de la nature de la chose. Le ministre, dira-t-on, revise ces arrêtés. Mais la partie lésée ne connaît l'arrêté qu'après l'approbation du ministre, et alors il faut remuer ciel et terre pour l'attaquer ; c'est-à-dire qu'il faut y renoncer et se soumettre. Le ministre lui-même n'est qu'un grand préfet ; et, importuné de mille et mille difficultés, il est trop entraîné à tout voir sous le rapport administratif qui est le plus commode. Pourrait-il d'ailleurs suffire lui-même à l'examen approfondi de l'immense quantité d'affaires de détails qui lui sont soumises ? Le mal est donc qu'il en a trop : il est de sa conscience d'en laisser beaucoup à la justice ordinaire. L'attrait pour les petites décisions est d'un pauvre orgueil : une administration large de vues est de la dignité d'un gouvernement.

Les vrais principes sont rétablis dans le Code civil sur cette partie de la législation qui nous occupe. Celui qui a une source sur son fonds en est propriétaire comme de tout ce qui est sur son fonds. Plus loin, cette eau borde d'autres propriétés qui en peuvent user à son passage et dans l'étendue qu'elle y parcourt, à la charge de la rendre aux propriétés inférieures ; enfin cette eau tombe dans une rivière du domaine public, qui est régie par l'administration comme toute autre propriété nationale. Il est contre la loi positive de faire remonter cette jurisdiction jusqu'aux sources, en faisant un axiome de droit de ce dicton : *Ce sont les petits ruisseaux qui forment les grandes rivières.* Ne sont-ce pas aussi les champs particuliers qui forment les royaumes ?

§. VI.

Décrets et décisions du Conseil d'État.

Séance du 24 ventose an 12. « Le conseil d'état, qui, d'après le « renvoi du Gouvernement, a entendu le rapport de la section de « l'intérieur, tendant à rendre communes à la police sur les rivières « non navigables les dispositions de la loi du 29 floréal an 10 est « d'avis que la loi proposée ne peut être adoptée, et que les con- « traventions aux réglemens de police sur les rivières non navi- « gables, canaux et autres petits cours d'eau, doivent, selon les « dispositions du Code civil et les lois existantes, être portées, selon « leur nature, devant les tribunaux de police municipale ou correc- « tionnelle, et les contestations qui intéressent les propriétaires de- « vant les tribunaux civils. »

Ces bons principes ne pouvaient durer ; ils se ressentent trop de la justice qu'un gouvernement qui commence se croit obligé de respecter. Nous allons les voir changer sous ce gouvernement qui se crut affermi après avoir méprisé la justice.

Décret du 2 février 1808. « Vu l'arrêté du 23 juillet dernier, par « lequel le préfet de la Drôme a élevé un conflit de juridiction entre « l'autorité administrative et l'autorité judiciaire, au sujet des pour- « suites dirigées par le sieur Renaud contre le sieur Bérard, tous « deux propriétaires de moulins à farine établis sur le Roubion, « pour obliger le sieur Bérard à détruire les écluses et autres ou- « vrages qu'il a fait faire en l'an 10, afin d'amasser dans le biez de son « moulin les eaux suffisantes pour faire jouer son usine. Vu le ju- « gement rendu par le tribunal de Montélimart : considérant, que

« l'article 646 du Code civil ordonne que les règlemens locaux « soient observés; que l'article 5 du même Code défend aux juges « de prononcer par voie de disposition générale et réglementaire ; « que, lorsque la contestation est relative à des moulins et usines, « qu'il s'agit de la hauteur de l'eau; comme cette matière intéresse « l'ordre public, c'est à l'administration qu'il appartient de faire « faire les vérifications et de statuer sur les difficultés. »

Il est évident par là que les meuniers sont des fonctionnaires publics, que les moulins peuvent être détruits, et que les meuniers peuvent être chassés pour l'ordre public.

« Que la surveillance continuelle de l'administration à cet égard « est indispensable à cause des dommages que les eaux pourraient « causer aux chemins et propriétés voisines par la trop grande élé- « vation du déversoir. »

Et si le moulin est hors de tout chemin? Si un moulin nuit à une grande route plus ancienne que le moulin, le préfet poursuit l'affaire devant les tribunaux; si c'est à un chemin vicinal, le préfet autorise la municipalité à plaider; si c'est à une propriété particulière, le préfet n'y a que faire, ou bien il faut qu'il se mette dans un grand fauteuil, avec une robe de juge, que les deux parties discutent leurs droits devant lui en audience publique, à jour assigné, et qu'il prononce le jugement à haute voix, de peur qu'en silence et sans avoir écouté les raisons pour et contre, il ne donne, d'un trait de plume, à Paul ce qui appartient à Pierre.

« Que ces motifs ont servi de base à la loi du 6 octobre 1791, à « laquelle il n'a point été dérogé. »

Non, excepté par le Code civil, comme nous venons de le voir.

« Et attendu que la contestation est élevée entre des propriétaires « de moulins, — notre conseil d'état entendu, nous avons décrété « et décrétons ce qui suit: Le jugement précité du 26 juin 1807 est « déclaré nul et comme non avenu. Les parties se retireront, s'il y « a lieu, devant l'autorité administrative. »

Il est difficile de faire plus d'abus de mots. Le préfet est ici saisi de l'affaire en raison de ce que le Code civil maintient les règlemens locaux. Mais avant que le préfet eût mis la compétence en question, et que le sage conseil d'état eût pris un autre avis que celui qu'il avait en l'an 12, l'usage était, sans doute, sur le Roubion, de porter les contestations aux tribunaux.

Les tribunaux ne peuvent pas prononcer par voie de disposition réglementaire ; donc, dit ce décret, le tribunal ne peut juger lequel des deux moulins a tort de nuire à l'autre. C'était établir une jurisprudence sur le Roubion, qui, apparemment, en avait été privé jusque-là.... Entendons-nous sur la voie réglementaire interdite aux tribunaux.

Il n'y a pas un seul article de loi quelconque qui ne donne ouverture à des interprétations diverses dans certains cas. Il faut bien cependant que le juge prononce; et l'interprétation qu'il a adoptée dans le jugement, s'il n'est pas cassé dans l'intérêt de la loi, fait exemple pour tous les tribunaux, et fait autorité à l'avenir pour lui-même. Voilà donc une jurisprudence indispensable, nouvelle loi qui s'élève nécessairement à côté de la loi fondamentale, disposition forcément réglementaire.

Et le tribunal de Montélimart n'a pu appliquer le règlement ou l'usage établi sur le Roubion! Il n'a pu, s'il n'y a ni usage ni règlement, appliquer le Code civil au Roubion! Et la cour de cassation n'a pas à voir si on juge sur le Roubion dans les mêmes principes que sur les autres rivières! Non, il faut que ce soit M. le préfet, afin qu'il y ait, à cet égard, autant de jurisprudences diverses qu'il y a de départemens, et qu'il y a de mutations de préfets dans chaque préfecture.

§. VII.

Décision de M. Fleurigeon.

Il faut citer à part cet auteur, parce que la compilation raisonnée qu'il a faite des lois administratives est sur la table de MM. les préfets et sur celle des chefs de bureau. On y lit, tome 3, partie 1.ère, page 286 :

« L'eau des rivières flottables et navigables, ainsi que des rivières « *non navigables*, est une propriété publique : son cours ne peut « être changé ni dérivé en partie sans l'autorisation de l'autorité pu- « blique. On ne peut non plus faire aucun ouvrage dans le lit de « ces rivières ou ruisseaux sans la permission de cette autorité. »

Tel est l'avis de l'auteur de ce recueil en 7 volumes. Le Code civil a distingué les rivières du domaine public des autres rivières ; c'est en vain. Dans les discussions sur cette matière par-devant les préfets, le commis de bureau qu'on appelle ne manque pas de vous mettre le doigt sur cette décision de M. Fleurigeon, et la discussion est fermée.

Cependant quelques pages avant du même recueil, on trouve ceci : « Le ministre de l'intérieur, sur l'avis du ministre des finances et « celui du conseil des ponts et chaussées, a décidé le 17 vendémiaire « an 9, que toutes les difficultées élevées entre particuliers à l'occa- « sion de travaux faits au lit des ruisseaux, torrens ou rivières non « navigables ni flottables pour la défense des propriétés riveraines, « ne regardaient point l'autorité administrative, mais bien l'auto- « rité judiciaire. »

Voilà le passage sur lequel le commis devrait mettre le doigt.

DEUXIÈME PARTIE.

Actes administratifs du département de la Seine-Inférieure,

On a vu assez, par ce qui précède, comme la loi classe les matières, divise les attributions, et comme le pouvoir administratif gagne sur la loi et attire tout à lui. Des arrêtés du conseil d'état, des approbations ministérielles, la pente que le Gouvernement décidait vers l'arbitraire ; tout entraînait les pouvoirs administratifs subordonnés, comme les préfets, à s'immiscer, sous le rapport ou d'ordre ou d'utilité publique dans beaucoup d'affaires qui devaient être judiciaires, à régler enfin le tien et le mien.

La succession des préfets dans ce département a été brillante; le savoir étendu, les talens, les vues d'administration ont orné cette place. La critique que je vais présenter des actes de cette administration n'est donc que celle de la direction supérieure qu'elle recevait; erremens vicieux sur lesquels elle va encore.

Arrêté du préfet, 17 pluviose an 10, approuvé par le ministre, le.... « Vu, etc. Considérant que la hauteur inégale des déversoirs « et des vannes nuit au libre cours des eaux et à leur juste réparti« tion, parce qu'elles occasionnent des refoulemens également pré« judiciables, soit aux établissemens supérieurs, soit aux propriétés « voisines, et qu'elle prive de l'usage de l'eau ceux qui ont droit d'y « prétendre, etc., arrête ce qui suit: Art. 1er. A partir de la publi« cation du présent arrêté, la distance du niveau d'eau des rivières « et canaux du département de la Seine-Inférieure, sur lesquels il « existe des usines, des déversoirs ou des vannes, à celui des rives na« turelles et les moins exhaussées de chaque bassin, ne pourra jamais « être moindre de huit centimètres. Art. 2. Afin de fixer invariable« ment cette distance du niveau des eaux à celui des rives, il sera « établi dans chaque bassin, au moins un repaire. Leur emplacement « sera constaté par l'ingénieur, etc. Ils seront placés près des mou« lins, etc. »

Il n'y a qu'une chose oubliée dans cette disposition, c'est la question de propriété. Il résulte de cet arrêté que l'ingénieur autorise tout, en fait d'usine, pourvu que l'eau soit tenue à au moins huit centimètres au-dessous de la berge de la propriété voisine. Mais si, dans son état naturel, l'eau y est à 100 centimètres, M. l'ingénieur en l'autorisant, et cela s'est fait ainsi, à la relever de 92 centimètres sur le vosisin, fait perdre à celui-ci cette hauteur de chute qui lui appartenait, et dont il pouvait disposer pour établir une usine tout aussi-bien que son voisin : l'administration dispose donc ainsi d'une propriété particulière. Mais si M. le préfet eût parlé de propriété, il sentait trop bien qu'il n'avait, ni lui, ni l'ingénieur, caractère pour en prononcer; qu'il fallait en renvoyer la discussion devant les tribunaux. Appliquant l'article 646 du Code civil qui porte que tout propriétaire peut obliger son voisin au bornage de leurs propriétés, la justice eut fait placer un repaire qui est un bornage en hauteur d'eau, comme une borne sur un champ est un bornage en longueur de terrain : ce repaire eût été mis sur la limite où les parties intéressées l'ont sous les yeux; et non près des moulins, où personne ne peut les voir, sans violation de clôture. Toute l'opération se trouvait faite et bien faite par la voie judiciaire : l'autorité administrative y devenait étrangère : mais qu'eût dit le ministre, qui voulait administrer?

Art. 11. « Les propriétaires riverains ne pourront se permettre de « relever le niveau des eaux, et de faire des saignées ou rigoles le « long des cours d'eau sur lesquels il se trouve des usines, sans y « avoir été autorisés par un titre bien constaté; ceux mêmes qui « jouiront de ce droit n'en pourront user qu'aux jours qui seront « fixés par les sous-préfets, etc. »

Le droit d'irrigation est inhérent à la riveraineté de la rivière. En Normandie surtout, où c'était une disposition formelle de la coutume, c'est la coutume qui fait le titre du riverain : ailleurs c'était le droit romain : et partout en France à présent, c'est le Code civil. Il y a donc ici erreur sur la législation, et violation de la propriété. Voilà à quoi est exposé un administrateur, si éclairé qu'il soit, lorsqu'il fait des lois à lui tout seul; je veux dire, à quoi est exposé un département où un seul homme fait des lois. Vous voyez bien que cette petite observation sur la nature du titre de propriété a échappé même au ministre.

Il est évident, par le contexte de cet arrêté, que l'administrateur ne décidera rien que sur le rapport de l'ingénieur. Or, il ne vient pas dans nos environs (à 4 lieues de Rouen) à moins de 500 fr., et cela, d'après un tarif réglé par l'autorité supérieure, pour déplacement, port d'instrumens, vacations, plan, visa et réception de l'ouvrage. Un petit propriétaire est donc privé de la faculté de faire une rigole.

Je n'ai pu découvrir sur cette matière aucun acte public du préfet qui a suivi. Le troisième a beaucoup dépassé le premier.

Du 18 août 1814. Extrait de la correspondance imprimée de M. le préfet de la Seine-Inférieure avec les fonctionnaires publics du même département. « M. le préfet a souvent lieu de remarquer les constructions et autres entreprises que l'on se permet de faire sans autorisation sur les cours d'eau qui arrosent le département : avant de faire un exemple sur ceux qui se rendraient coupables à l'avenir de pareils délits, M. le préfet se porte à rappeler à ses administrés les principes de la législation relativement à la police des eaux. Les articles 42, 43, 44 de l'ordonnance des eaux et forêts défendaient, etc. »

Bon pour les rivières du domaine public, et non pour les autres.

« La loi du 12—20 août 1790 a chargé les administrations, etc. Ces mêmes dispositions ont été implicitement consacrées par les lois du 6 octobre 1791 et 21 septembre 1792. Elles ont été renouvelées par l'arrêté du directoire exécutif du 19 ventose an 6. »

Bon pour les rivières du domaine public, et non pour les autres, quant à l'arrêté du directoire exécutif. Quant au Code civil, qui est bien quelque chose pour les principes de la législation relativement à la police des eaux, il n'en est fait nulle mention dans cet arrêté.

« L'ordre général, et surtout l'intérêt des riverains, font à M. le préfet un devoir de n'user d'aucune indulgence dans tout ce qui sera relatif au régime et à la police des eaux, etc. »

Cette circulaire, qui qualifie de délit un usage de la propriété privée, qui transporte à tous les cours d'eau les lois sur le domaine public, qui enchérit tellement sur le règlement du premier préfet, que c'est une disposition toute particulière, devrait, au moins, être approuvée par le ministre. Comme il n'en est point mention, ces dispositions ne sont point obligatoires. Aussi il ne paraît pas que l'auteur ait fait de ces exemples dont il menace, du moins il n'en est point venu à ma connaissance; mais son successeur n'y a pas manqué, à raison de la perfectibilité administrative; et c'est sur moi que l'exemple est tombé.

Si maintenant j'entre en lice pour ma propre affaire, c'est, je l'ai dit, parce que c'est la seule dont j'aie les pièces.

La rivière sur laquelle est assise ma terre n'est ni flottable ni navigable; ses eaux ont environ trois pieds de pente par cent toises dans l'étendue qui m'en appartient des deux bords. Connaissant passablement et les lois sur les cours d'eau et l'art de l'ingénieur, mais non les arrêtés particuliers à mon département, qui, certainement, n'y sont pas exécutés sans exception; j'avais cru que, n'arrêtant aucunement les eaux en les faisant tomber sous la roue d'un moulin, et le construisant à plus d'un quart de lieue d'aucune propriété étrangère, personne n'avait à s'en plaindre; et qu'enfin, si quelqu'un s'en plaignait, la plainte serait vérifiée avant d'être jugée. J'avais seulement connu quelques exemples de permission préalable, de visite d'ingénieur; et, pour avoir la paix je fis ma demande à M. le préfet, par pétition du 28 août 1816. J'ignorais surtout que cet acte entraînât des conséquences aussi extraordinaires que celles que je ferai connaître; je ne l'aurais pas fait. Mais je dois détailler d'abord la suite des formalités à remplir.

M. le préfet envoie la demande au maire du lieu pour qu'elle soit affichée pendant vingt jours; de là elle retourne à la préfecture avec les observations du maire, ou toute autre observation qu'il est loisible à chacun de faire. La préfecture envoie le tout à l'ingénieur, qui se transporte sur les lieux quand il lui plaît. Là il prend les niveaux, fait le plan des lieux, y distingue les propriétés comme on les lui indique, tient compte à son gré des prétentions opposées, fait du tout son rapport à M. le préfet, en y joignant les mesures par mètres et centimètres de la construction à faire, ainsi qu'il avise bon et utile au propriétaire et au public. M. le préfet prononce.....

Comment! sur des questions de propriété, les parties appelées seulement par une affiche de mairie, sur le rapport d'un ingénieur qui n'a pas fait son droit, MM. les préfets, qui n'ont pas toujours fait le leur, prononcent! Sans doute, puisqu'il vous permettent d'user de la pente depuis tel endroit jusqu'à tel autre, et qu'ils vous ordonnent de construire sur votre terrain dans telle et telle dimension.

M. le préfet prend donc un arrêté, le ministre l'approuve, le propriétaire construit, l'ingénieur revient vérifier si la construction est conforme à l'arrêté; si elle n'est pas conforme, un nouvel arrêté peut faire démolir, etc.

Mais si les riverains s'aperçoivent qu'ils sont lésés; que, par l'événement de la construction faite, l'eau reflue sur eux; qu'on a attribué à l'usine permise une plus forte pente que l'étendue de la propriété ne comportait, à qui s'adresser?.... A qui? c'est de la compétence administrative; et M. le préfet a pris un arrêté approuvé par le ministre. Cependant le riverain lésé n'avait pas connaissance préliminaire de la disposition ordonnée par l'ingénieur; il n'a pu en connaître l'effet que lorsque la construction a été faite, et alors il n'est plus temps; d'abord, parce que la preuve a péri, et qu'elle ne peut plus être faite que par enquête; en second lieu, parce que celui qui a jugé ne veut pas avoir mal jugé.

Je reprends mon histoire. Ma demande était d'août 1816. L'année se passe sans renvoi à la municipalité; ce qui est la première formalité. De retour chez moi, au printemps de 1817, n'entendant point parler de ma pétition, trouvant le pain à neuf sous la livre et les ouvriers sans ouvrage, j'adresse à M. le préfet une demande de permission provisoire de faire travailler, vu les circonstances, en attendant qu'il lui plaise de faire droit à ma demande originaire, et à une nouvelle demande de deux autres usines que je formai à cette époque. Voici la réponse.

Rouen, 30 avril 1817. « M. le baron, par la pétition que vous « avez présentée le 23 de ce mois, vous demandez à établir deux « usines dans la commune de Monville, au droit de votre propriété, « sur la rivière de Cailly, et vous sollicitez l'autorisation de faire « exécuter les travaux. La législation sur la police des eaux, et no- « tamment l'instruction du 19 thermidor an 6, prescrit des forma- « lités dont je n'ai le droit d'affranchir qui que ce soit. Je ne puis « donc, à mon grand regret, etc. »

Toujours cette instruction qui ne parle que des rivières navigables ou flottables.

Sur cette réponse, j'ai pris mon parti de faire travailler; j'ai fait achever un moulin, et j'en ai fait commencer deux autres. Le premier était achevé, que ma pétition n'était pas encore sortie de la préfecture; elle n'a été envoyée à la mairie, pour être affichée, qu'en juillet, onze mois après sa date. Au surplus, le parti que j'ai pris n'a rien de bien singulier; car je vois élever dans la même vallée, en trois mois de temps, des filatures qui valent deux cent mille francs, et certainement les formalités ne sont pas remplies dans cet intervalle de temps.

Mon moulin était fini et loué lorsque la pièce suivante est arrivée à la mairie de Monville.

« A M. le comte *** préfet de la Seine-Inférieure. A l'honneur d'ex- « poser Nicolas-Pascal Adeline, propriétaire et filateur en la com- « mune de Malaunai, qu'au mépris des lois et règlemens sur la police « des eaux, M. le baron *** vient de faire construire sans autorisation « un moulin à blé sur la rivière de Cailly. Il se trouve placé au droit « d'un ancien vannage d'irrigation, dont ce propriétaire ne peut se « servir que les jours consacrés par l'usage : l'exposant ignore si le « système de ce moulin est conçu de manière à ne pas priver les « propriétaires inférieurs du volume d'eau dont ils ont joui jusqu'à « présent. »

M. Adeline n'ignore pas que l'eau de la rivière dirigée sous la roue du moulin rentre immédiatement dans son ancien lit, et que je suis propriétaire bien au-delà.

« Néanmoins il a lieu de craindre que le fermier ne fasse des re-
« tenues d'eau illégales pour lui donner plus d'activité. Il est donc
« important d'aviser aux moyens de prévenir ces espèces de contra-
« ventions, qui seraient peut-être assez faciles à commettre à l'aide du
« vannage d'irrigation. »

Si le fermier détourne les eaux pour l'irrigation, il sera pris en délit par un des trois gardes spéciaux, que M. Adeline et autres filateurs ont fait préposer à la police de cette petite rivière; ainsi que M. Adeline a été pris lui-même pendant qu'il me dénonçait.

Il est fort douteux que M. le préfet ait compris un mot de tout ce préambule. J'ose même défier le conseil tout entier des ponts et chaussées de comprendre comment une usine peut priver les propriétaires inférieurs du volume d'eau quand on la leur envoie comme on l'a reçue, et qu'on est à trois quarts de lieue de distance.

« Si M. le baron*** vous eut présenté sa pétition, qu'elle eût été
« affichée, et que les ingénieurs vous eussent présenté, M. le comte,
« les dimensions à donner aux diverses pièces du moulin dont il
« s'agit, l'exposant, en prenant communication du tout, eût été à
« portée de vous fournir ses observations, et de vous signaler les in-
« convéniens qu'il eût pu prévoir. »

On ne sait comment ni de quel droit le dénonciateur, qui est bien loin d'être limitrophe du dénoncé, aurait eu cette communication et cet avantage d'en donner son avis; comment il devait être admis à la critique des diverses pièces de ma mécanique.

La dénonciation ne m'a pas été communiquée avant d'être approuvée par l'arrêté qu'on verra plus bas. Cet arrêté est rendu peu de jours après la dénonciation; et la demande faite en forme, dénoncée ici pour n'avoir pas été faite, est restée inerte dans les bureaux onze mois. On pourrait soupçonner que la puissance de faire prononcer promptement pour soi est égale à celle d'arrêter onze mois l'affaire d'un autre ; car il dépend d'un commis de mettre ou de ne pas mettre une affaire sous les yeux du préfet.

C'est un bel ordre que l'ordre administratif! Je demande combien il y a de préfectures tellement réglées, que chaque affaire ait son numéro, chaque pièce son enregistrement, de manière que le préfet soit bien sûr de ne pas expédier le n.° 100 avant le n.° 99, en affaires de même nature. M. le préfet, avant de frapper si sévèrement sur mon moulin, s'est-il bien assuré qu'aucune demande postérieure à la mienne et de même nature n'a pas été expédiée ? Je le suppose ; car il y aurait déni de justice, s'il y en avait en administration ; et si en administration il y avait quelque chose d'obligatoire pour l'administrateur comme il en est pour les juges, qui ont un greffe, qui observent le tour de rôle des affaires, et qui peuvent être pris à partie.

« Mais aucune de ces formalités n'ayant été remplie, il se borne « à vous instruire de la conduite vraiment répréhensible d'un pro- « priétaire, qui, sous le seul rapport du rang qu'il occupe, devrait « montrer plus de respect pour les lois. Chargé par le Gouverne- « ment de veiller à leur exécution, vous ne souffrirez pas sans doute « qu'elles soient aussi ouvertement violées : quelle que soit la qua- « lité de M. le baron ***, vous le contraindrez à se conformer à ce « qu'elles prescrivent, afin que l'exposant puisse, comme les autres « riverains, défendre ses droits. S'il en était autrement, vous pres- « sentez les suites qu'aurait la tolérance dont on userait envers lui ; « chacun construirait des moulins à sa fantaisie, et le régime de la « rivière serait bientôt changé au détriment des anciens établis- « semens. »

Puisqu'il s'agit du devoir en raison du rang, mon devoir est impérieux ; il est de faire connaître, et la fausse interprétation qu'on donne aux lois, et la fausse direction du pouvoir administratif, et les prétentions vexatoires de certains manufacturiers qui circonviennent l'administration. J'ai discuté les lois ; je discuterai aussi l'importance que se donnent, le bien et le mal que font des établissemens auprès de qui il n'y a point de paix. Si j'avais été un simple citoyen, je n'aurais pas hésité à adresser ce mémoire au Roi ; je n'aurais connu que cette autorité assez protectrice et assez prompte contre tant de pouvoirs et d'influences. Mais, placé au premier rang, honoré des grâces de Sa Majesté, je n'ai pas dû implorer ce secours si sûr aux faibles. Je ne m'adresse pas non plus aux chambres, parce que j'en suis trop près, et que je suis personnellement intéressé ; je m'adresse d'abord au public, parce qu'il ne ménage personne.

« Déjà cette tolérance, M. le comte, a fait naître la contravention « dont l'exposant est forcé de se plaindre aujourd'hui. Si l'auto- « rité se fût opposée, il y a quelques années, à ce que M. le « baron * * * créât, sans permission, le moulin à papier occupé par « le sieur Chevalier, il en eût demandé une pour la nouvelle usine. « Il n'entreprendrait pas non plus de changer encore, sans permis- « sion, la direction d'une source qui alimente la rivière de Cailly. »

On croirait ici que j'en prive la rivière de Cailly, et que je la jette dans une autre rivière. Non ; mais ces messieurs ne veulent pas que je la dirige à ma volonté sur mon terrain, à trois-quarts de lieue, loin de M. Adeline, qui est le filateur le plus voisin que j'aie.

« Car, bien que cette source jaillisse sur son fonds, il est certain « qu'il ne peut en user à son gré ; le droit d'usage consacré par « l'art. 641 du Code civil est limité par les art. 642 et 643. Sans doute « les dispositions nécessaires seront faites pour que les eaux de cette « source continuent de se rendre à la rivière. Mais qui donne aux « riverains la garantie que ces dispositions auront un résultat ? N'est-il « pas naturel de craindre qu'elles soient mal calculées, et que la « source, contrariée dans son cours, ne se tarisse, ou que ses eaux « ne soient absorbées par les terres du nouveau canal qu'on vient « de lui ouvrir, et sur lequel on ménage des chutes ? D'ailleurs, si on

« laissait à chacun la faculté de changer la direction des sources, il « est indubitable que le volume d'eau des rivières diminuerait par « suite de ces changemens. Il est donc de l'intérêt général que l'on « s'adresse à l'administration pour obtenir l'autorisation de les « effectuer, puisque l'art. 645 du Code civil veut que les règlemens « particuliers et locaux soient observés lorsqu'il s'agit du régime « des eaux. »

Le règlement local n'a point encore atteint les sources, qui jusqu'à présent ont joui ici de toute indépendance. Ceci est une petite manière de les englober. Ce filateur, que j'ai cité, avait raison lorsqu'il disait : *il ne faut pour cela qu'un bout d'arrêté......* L'arrêté va venir ; l'usage local commence ; le voilà établi.

« Au reste, l'exposant n'appelle votre attention, M. le comte, sur « cet objet que pour ne vous laisser rien ignorer concernant les con- « traventions de M. le baron * * *. Celle qu'il lui importe le plus de « faire réprimer, est la construction illégale du moulin à blé sur la « rivière de Cailly. Ainsi, il conclut à ce qu'il vous plaise, vu les « dispositions de l'arrêté du 19 ventose an 6, et l'instruction du 19 « thermidor de la même année ; vu la note insérée le 18 août 1814 « dans votre correspondance avec les fonctionnaires de votre dépar- « tement : considérant que nul ne peut construire d'usines sur les « rivières sans avoir obtenu l'autorisation préalable du gouverne- « ment ; que cette autorisation n'est accordée que sur la demande « formée par les propriétaires, qui doit être affichée pendant vingt « jours, pour provoquer les observations des riverains ; que les ingé- « nieurs doivent être consultés pour déterminer l'étendue et la pro- « portion des vannes, des écluses, déversoirs, etc. ; que l'exécution « de ces travaux doit être même surveillée par ces ingénieurs ;

« Considérant que le changement de direction des caux de la « source qui alimente la rivière de Cailly ne pouvait non plus être « entrepris sans autorisation : ordonner à M. l'adjoint de la commune « de Monville de constater la contravention de M. le baron * * *, en

« lui faisant défense de mettre son moulin en activité, jusqu'à ce « qu'il ait demandé et obtenu, s'il y a lieu, l'autorisation du Gouver- « nement, et prendre, à l'égard du changement de direction de la « la source, telles mesures que vous aviserez bien. *Signé*, Adeline. « Présenté le 12 août 1817. »

Cette dénonciation a été envoyée à l'adjoint, accompagnée de l'arrêté suivant, écrit en marge.

« Le préfet, etc. Vu l'arrêté du directoire exécutif du 19 ventose « an 6, l'instruction du 19 thermidor suivant, et les articles 641, « 642 et 643 du Code civil, renvoie la présente à M. l'adjoint de Mon- « ville pour constater par des procès-verbaux qui nous seront ensuite « transmis, les contraventions imputées à M. le baron ***, et faire « défense à ce propriétaire de mettre en activité le moulin qu'il a fait « construire, jusqu'à ce qu'il ait obtenu l'autorisation du Gouverne- « ment; parce que, faute de se conformer à cette disposition, M. l'ad- « joint de la commune précitée est autorisé à mettre d'office cet éta- « blissement en chommage, et à faire enlever aux frais du délinquant « la roue, qui sera déposée à la mairie, ou à faire apposer les scellés « sur la vanne mouloire, en ouvrant les vannes de décharge de ma- « nière à assurer aux eaux un libre écoulement. Rouen, en l'hôtel, « le 28 août 1817. »

L'adjoint a fait un procès-verbal, duquel il résulte que ce moulin ne peut ôter à la rivière son libre écoulement, et que la direction que j'ai donnée à mes sources ne peut ni en diminuer le volume, ni nuire à qui que ce soit. Il a mis les scellés sur mon moulin le 11 septembre. Ils y sont encore, ce 3 décembre, seize mois après ma demande.

On se demandera, sans doute, quel intérêt ont ces messieurs à abuser ainsi de l'autorité administrative, et à contrarier des établissemens qui ne peuvent leur soustraire une goutte d'eau. M. Adeline a deux moulins; et je fais des moulins. M. Adeline et ces messieurs ont des filatures, et il s'en est élevé une sur mon terrain; j'ai traité d'un autre terrain pour en élever une seconde; j'ai encore d'autres emplacemens de ce genre dont je puis disposer. C'est peut-être ce qui nuit aux *anciens établissemens.*

Il n'a encore été fait que quelques remarques incidentes sur la dénonciation de M. Adeline ; il convient maintenant de l'examinerr sous des points de vue généraux.

Voilà un acte administratif par lequel le préfet prend droit d'inspection sur ce qu'un propriétaire fait de sa source sur son fonds. Nous n'avons pu cependant trouver dans aucune loi rien qui donnât les sources à l'administration. On a pu étendre l'expression *rivière navigable* jusqu'à signifier *rivière non navigable*, et cette interprétation part d'autorités supérieures ; enfin, le mot *rivière* y est écrit : mais le mot *source* ne l'était pas encore, même dans la décision de M. Fleurigeon.

Eh bien ! M, le préfet n'en a pourtant pas l'initiative. Je vais lui donner avec plaisir, pour appui, l'exemple d'une autorité grave, celui d'un conseil de régisseurs généraux d'une partie du domaine public.

Cette même source dénoncée pour *les chutes qu'on y ménage*, et sur laquelle j'ose me permettre maintenant de faire un moulin à papier pour recevoir le scellé administratif quand il sera fini ; cette source, dis-je, a, comme on voit, une certaine hauteur au-dessus de la rivière. Jetant sur la rivière ce qu'on nomme un pont aqueduc, j'ai dirigé cette source sur une de mes prairies qui manquait d'irrigation ; de là elle rentre à la rivière un peu plus bas, sans sortir de mon terrain. Dans une commission, assemblée l'an passé pour aviser à un règlement sur l'irrigation, quelques-uns de messieurs les filateurs qui sont établis à une, deux et trois lieues au-dessous de moi soutinrent que je leur faisais tort en employant ma source à l'irrigation au-delà de ce que j'en avais fait jusqu'alors, parce que l'eau est diminuée de la quantité que la terre en imbibe, et de celle que le soleil aspire. Ils vinrent fortifiés d'une lettre du directeur d'un moulin à poudre situé à trois lieues au-dessous de moi. Ce directeur s'oppose formellement, dans l'intérêt du gouvernement, à ce que j'use de ma source pour l'irrigation de mon pré.

Persuadé qu'un pareil système ne serait pas soutenu par les chefs de l'administration des poudres et salpêtres, que je n'ai pas l'honneur de connaître, mais que je dois croire mûris dans l'administration, dans la connaissance de la législation sur les cours d'eau, puisqu'ils administrent un grand nombre de domaines tous situés sur des rivières, j'eus l'honneur de leur écrire. En leur citant les lois sur les sources, je les priais d'ordonner à leur subordonné d'abandonner sa prétention. Voici leur réponse :

Paris, 9 avril 1817. « Les régisseurs-généraux des poudres et sal-« pêtres à M. le baron ***. — Nous pensons, en conséquence, que, cette « affaire étant purement administrative, c'est à ce magistrat (M. le « préfet) à prononcer sur les droits et les intérêts respectifs des « propriétaires d'usines, et des propriétaires des eaux affluentes « dans la rivière; décision sur laquelle notre régie ne peut inter-« venir. Nous avons l'honneur d'être, etc. »

Un subordonné, commissaire à un moulin à poudre, intervient dans une discussion qu'on dit administrative, pour soutenir que le propriétaire d'une source ne peut en user à sa volonté pour arroser son pré; et les chefs de ce subordonné ne peuvent intervenir pour lui dire qu'il soutient une maxime contraire aux lois. Bien plus, ils disent, dans cette même lettre, « qu'il ne pouvait négliger la démarche qu'il « a faite sans manquer aux devoirs de sa place. »

Ainsi des chefs d'administration ne veulent pas que le propriétaire d'une source en puisse baigner son pré comme il lui plaît, trois lieues au-dessus d'un moulin à poudre, et ils disent que c'est une question purement administrative.

Je le veux bien; l'évaporation est en raison de la superficie, la terre boit de l'eau. Alors, si votre usine du domaine public en souffre, la loi vous trace votre marche. La source est au propriétaire; il en peut user à sa volonté : si vous lui ôtez cette faculté pour le service public, indemnisez-le. Je ferai connaître bientôt par un jugement quelle est ici la valeur de l'irrigation.

L'irrigation est un art très-étendu; elle influe sur la masse des produits; beaucoup de propriétaires y sont intéressés. Puisque ce mémoire traite de la législation sur le régime des eaux, il doit y être fait une mention particulière de cet objet d'intérêt public.

Il est juste que l'irrigation soit soumise à un règlement public, lorsque les eaux d'une seule rivière font le service d'une certaine étendue de propriétés, et que cette rivière fait mouvoir des usines. Lorsqu'un riverain barre la rivière pour la faire refluer sur son pré, le cours se trouve interrompu jusqu'à ce que l'eau, s'étant répandue sur le terrain, reprenne une pente qui la reporte à son cours ordinaire. Si l'irrigation durait ainsi sans discontinuité, le cours de la rivière n'en souffrirait pas: mais lorsque le pré a été arrosé, il faut le remettre à sec pour n'en pas faire un marais, puis lui rendre l'eau quelques jours après. Voilà des interruptions dont les usines souffriraient, et d'autant plus fréquemment, qu'il y aurait plus de riverains qui feraient la même manœuvre. Alors un règlement local s'établit.

L'article 644 du Code civil, qui consacre le droit du riverain, et l'article 645 qui le renvoie aux règlemens locaux pour l'usage de ce droit, est toute la législation sur cette matière.

Nous avons en France des canaux très-importans qui n'ont d'autre objet que l'irrigation, comme la Fosse-Craponne en Provence. Ils ont été confectionnés à grands frais, sous l'autorité du Gouvernement, par des actionnaires qui vendent l'eau. Ces canaux-là sont régis par des ordonnances, comme les canaux de dessèchement dont j'ai parlé. Il ne faut pas, à cause de ce mot (*canaux*), ainsi que l'entend certain préfet, dont l'acte est entre mes mains, et ainsi qu'on l'a fait du mot *rivière*, en appliquer la législation qui est locale et particulière pour eux, au fossé d'irrigation ou d'écoulement que fait un propriétaire dans son pré. Sur les canaux dont parle la loi, l'eau se vend ou le dessèchement se paie, parce que le travail a été fait à cette condition sur le terrain et pour le bien d'autrui. Chez soi et pour soi, chacun prend l'eau parce qu'il en a le droit comme riverain, ou s'en débarrasse parce qu'elle lui nuit, sans payer rien à personne.

Mais ces prises d'eau doivent être réglées, d'abord dans l'intérêt des riverains eux-mêmes; car l'un d'eux ne peut en disposer tellement, qu'il prive un autre d'un avantage égal, puisque la loi a placé le droit général sur la seule riveraineté. Chaque riverain doit donc avoir sa part, et peut la réclamer, s'il ne l'a pas; car tout partage est de droit entre des titres égaux. Ensuite ce règlement doit être fait dans l'intérêt des usines, pour que le courant qui les fait mouvoir ne soit pas interrompu.

Dans quelques endroits, les dimanches sont laissés à l'irrigation, parce que c'est le jour où les usines chômènt. Cet usage est vicieux; premièrement, parce que toutes les usines à broyer, comme les moulins à blé, à huile, à papier, etc., perdent un septième du travail qu'elles pourraient faire. Un homme seul les gouverne, et il peut tout aussi bien faire son dimanche qu'il fait sa nuit en les gouvernant. Secondement, parce qu'il n'est pas certain que vingt-quatre heures suffisent à tous les riverains, quand ils mettent en irrigation tous ensemble : bien ordinairement il n'en reste pas pour les derniers, et c'est le tort que j'épouve moi-même.

Le règlement qui borne l'irrigation au dimanche sur ma rivière date d'un ancien arrêt du parlement. L'événement ayant démontré que ce temps ne suffisait pas, l'usage s'était établi de partager les jours de la semaine entre les communes riveraines, et les heures de chaque jour entre chaque riverain sur la même commune. C'était le garde établi dans l'intérêt du moulin à poudre qui présidait à l'exécution de ce partage, et qui recevait une petite rétribution de chaque riverain. Mais de superbes filatures ayant remplacé sur cette rivière des moulins à blé, à huile, à papier qui y étaient, le génie exclusif qui s'étend avec les richesses exigea l'exécution rigoureuse du règlement, et réduisit l'irrigation au dimanche, parce que les autres jours la terre boit de l'eau, et le soleil la pompe. Le directeur du moulin à poudre, bien différent de ses prédécesseurs, est maintenant celui qu'on met le plus en avant pour tenir rigueur dans l'intérêt du gouvernement.

Depuis dix ans, je réclame pour moi et ma commune auprès des préfets. Enfin M. le comte ***, actuellement en place, sentit qu'une commune, parce qu'elle est la dernière d'un système d'irrigation, ne doit pas en être privée; privation prouvée par procès-verbaux de gardes spéciaux à la rivière, du juge-de-paix, de l'ingénieur de l'arrondissement. Il ordonna que les vingt-quatre heures d'irrigation fussent partagées entre les communes riveraines en raison de leur territoire irrigable. Cet arrêté, qui, ce me semble, doit paraître de la plus stricte équité, n'a point agréé à M. le marquis de Vaublanc, ministre de l'intérieur; je ne sais pas pour quoi. Ma commune reste privée d'irrigation depuis dix ans. Voilà la justice administrative!

Le mode d'irrigation le meilleur, et plusieurs rivières de ce même département (Seine-Inférieure) n'en ont pas d'autre, est sans contredit celui-ci. Sans distinction des dimanches et jours ouvrables, chaque commune a son jour à tour de rôle, et chaque particulier son heure en raison de l'étendue qu'il possède. De cette manière, il n'y a nulle discontinuité du courant. La même quantité d'eau, toujours prise et toujours rendue, circule de la rivière au pré, du pré à la rivière. Tous les services qu'on peut tirer de l'eau sont continus. Au contraire, dans le système d'irrigation simultanée à jour particulier, il arrive que toutes les eaux, répandues pendant vingt-quatre heures hors de leur lit, y rentrent ensemble à l'expiration du délai fatal. Alors il n'y a pas de précaution trop grande contre ce flux immense, qui emporte les berges et met les moulins en danger. A cet instant critique, on voit les riverains à leur poste, comme sur les digues de Hollande, quand les fortes eaux du Rhin y font craindre une rupture. Nous éprouvons aussi, malgré toutes nos précautions, des dégradations considérables.

Que conclure de là? Que les règlemens locaux ne peuvent pas être purement administratifs, et qu'il faut quelque chose de plus qu'un préfet, entre des intérêts si grands et si variés, et le ministre, qui rend une ordonnance au nom du Roi.

Mais, dira-t-on, l'ingénieur est consulté par le préfet. Voyons donc ce qui résulte de cette adjonction de lumières. La rivière, à l'issue de mon terrain, se divise en deux branches. Grande contestation entre les usines de la branche droite et celles de la branche gauche, à qui aura la meilleure part dans la division. Descente de l'ingénieur par ordre de M. le préfet. L'ingénieur trouve que, pour régler le point de partage et prévenir toute contestation à venir, il faut placer, jusqu'à cent mètres en remontant, des seuils en pierres au fond de la rivière, des caractères, etc., aux frais communs des prétendans et du propriétaire du fonds. M. le préfet prend un arrêté conforme à l'avis de M. l'ingénieur. Le propriétaire se pourvoit en réclamation par-devers M. le préfet lui-même, et cela par politesse; car il aurait pu recourir aussitôt au pouvoir supérieur. Il représente que la contestation entre la branche droite et la branche gauche lui est étrangère; que, n'y prenant aucune part, comme il n'y a nul intérêt, il ne doit supporter aucune partie des frais; que son terrain ne doit aucune servitude aux autres; que c'est lui en imposer une que d'y placer d'autorité des constructions sur une étendue de cent mètres, qui n'ont d'autre but que de régler des intérêts qui lui sont étrangers; que ces constructions deviennent une propriété à ceux à qui elles servent; que jamais on n'a pu mettre au milieu du champ de Paul une borne qui n'est que pour déterminer les limites des champs de Pierre et des champs de Jacques; que ces caractères seraient précisément dans un emplacement où il compte faire une usine, dont ils lui ôtent l'avantage. Nouvelle visite et nouveau rapport de l'ingénieur, qui persiste. M. le préfet confirme son arrêté. Le propriétaire se pourvoit alors. L'arrêté est cassé.

L'erreur que je relève n'est cependant la faute de personne; la faute est que le cas est administratif. L'ingénieur n'a pas caractère pour entrer dans les questions de propriété. Et il n'y a pas à l'école des ponts et chaussées un cours de génie légal, comme il y a un cours de médecine légale à l'école de médecine. Cet ingénieur arbitre à tort ou à raison, en fait d'art, que, pour partager une petite rivière en deux branches, il faut la régler cent mètres d'avance, en pente, largeur et profondeur. M. le préfet, qui n'a pas non plus à juger de la propriété, qui voit tout sous le rapport de l'utilité publique, qui étend ce mot et ses conséquences à tout ce qu'on lui soumet, n'a pas fait les études du génie civil; il faut bien qu'il croie ce que le savant ingénieur décide, et qu'il ordonne que cent mètres de la propriété de tel seront invariablement soumis à faire règlement entre tel et tel autre. Ainsi cette invasion du pouvoir administratif met l'administrateur lui-même dans une fausse position, où il est forcé de décider autrement qu'il ne ferait s'il était juge.

Les juges s'y trouvent aussi fort embarrassés. Je vais citer un jugement qui fera preuve que les tribunaux eux-mêmes ne savent plus quel parti prendre dans les contestations sur les cours d'eau : c'est ce même jugement que j'ai promis de produire pour donner une idée de la valeur de l'irrigation. On y trouvera des principes positivement opposés à ceux que l'administration a adoptés.

Une source naît sur mon terrain. Après avoir baigné mon pré, elle découle sur un autre pré qui ne m'appartient pas. Cette source se rend naturellement à la rivière, et évite ce pré étranger, lorsque le mien n'est pas mis en irrigation. Par acte avec le propriétaire de ce pré, je m'engage à le laisser jouir des eaux de cette source, selon le règlement. Comme, même en arrosant mon pré, je pouvais ramener l'eau à la rivière, et lui faire éviter tout-à-fait le voisin; m'étant engagé à le laisser jouir de l'eau selon le règlement, je dois la lui livrer seulement le dimanche, selon ce règlement local, sur lequel il n'y a pas lieu à équivoque. En exécution de cet acte, je fais un canal qui, s'embranchant dans celui qui porte l'eau au voisin, fait qu'au moyen d'une vanne qu'on ouvre ou qu'on ferme, ma source, après avoir fait le service de mon pré, se rend à la rivière les jours ouvrables, et sur le pré du voisin le dimanche. Celui-ci prétend avoir les eaux indistinctement tous les jours que mon pré est en irrigation. Procès. Jugement que voici.

« Le tribunal, ouï le procureur du Roi et ses conclusions, con-« damne mon dit sieur *** à faire combler les tranchées et canaux « de dérivation qui portent les eaux de la source des Sondres à la « rivière de Cailly, lesquelles eaux seront rejetées dans les anciennes « rigoles, pour être dirigées, comme elles l'ont toujours été, sur la « propriété du sieur ***. » Ainsi les juges m'obligent à livrer ma source en dépit du règlement et de ma convention.

Appel. Arrêt que voici.

« Considérant que M. de ***, quoique propriétaire de la source « des Sondres, ne peut en user à sa volonté au mépris du droit acquis « à M. *** par le contrat du..., ne peut rien faire qui tende à di-« minuer l'usage de ce droit, ni à changer l'état des lieux existant « lors dudit contrat; que même les changemens par lui faits ne « sont d'aucune utilité pour fertiliser sa propriété, ainsi qu'il l'a « reconnu, et qu'ils tendent directement à conduire les eaux pro-« venant de la source des Sondres dans la rivière de Cailly, au « préjudice du sieur...; contre la teneur du contrat du ***, et « adoptant les motifs du jugement dont est appel, ordonne que ce « dont est appel sortira son plein et entier effet. »

Ces mots *contre la teneur du contrat* peuvent surprendre ; car j'avais fait la réserve en faveur du règlement public : les termes de l'acte sont formels. J'avais un intérêt important à faire cette réserve. Enfin, en traitant de ce qui m'appartenait, j'y imposais la condition que je voulais, et cette condition était l'observation du règlement public : les juges n'en tiennent compte.

Comparons. MM. les filateurs et M. le préfet ne veulent pas que j'établisse à mon gré une usine sur mon propre fonds, avec ma propre source. MM. les directeurs généraux des poudres et salpêtres ne veulent pas que j'étende l'irrigation sur mon propre fonds avec ma propre source. MM. les juges des mêmes lieux et du même temps veulent que ma source étende, malgré ma réserve formelle, l'irrigation de mon voisin, sans égard pour la réserve que j'ai stipulée, et pour le règlement dont j'ai imposé la loi ; ils la donnent au voisin, qui lui-même l'applique au mouvement d'une usine.

Ceci, j'espère, est bien compris. L'administration générale des poudres et salpêtres, M. le préfet, MM. les filateurs de la rivière de Cailly, ne veulent pas que le propriétaire d'une source en puisse disposer sur son terrain, ni pour arroser ses prés, ni pour l'établissement d'une usine. MM. les juges contraignent le propriétaire d'une source à la livrer aux prés voisins et à une usine étrangère, sans restriction, malgré celle qu'il avait stipulée.

Eh bien, les juges ont jugé dans les grands principes du respect dû à la propriété, et de la protection due aux intérêts de l'agriculture. Seulement il m'eût semblé qu'ils n'ont pas bien compris la clause de l'acte : mais le tribunal de cassation ne connaît pas des interprétations des contrats. Les juges se seront dit : Les sources sont une propriété, on en peut disposer librement; elles sont exemptes des règlemens locaux; M. de *** en stipulant l'observation du règlement ne l'a fait que pour ne pas être inquiété par des intérêts étrangers; personne n'en réclame l'observation relativement à cette source; le ministère public lui-même ne la réclame pas.

Il restera peut-être encore quelque louche, dans certains esprits, sur l'observation du règlement que le tribunal dédaigne. Quelques-uns diront que M. l'avocat-général aurait dû en réclamer l'observation, ou demander le renvoi de cette partie de la cause à la juridiction administrative. Mais les juges ont pensé que les sources, même hors de la propriété où elles naissent, sont franches de tout règlement et de toute administration publique, ainsi que le décide le fameux jurisconsulte de la Normandie, Basnage, au Traité des servitudes, où il cite des arrêts. Toutefois on devrait prendre garde aux conventions particulières. Le propriétaire d'une source peut stipuler avec son voisin un règlement quelconque. La cour de cassation a tort de s'interdire la connaissance des conventions.

Voilà donc deux jurisprudences diamétralement opposées dans

le même département, la même année : celle des tribunaux et celle de l'administration.

Pendant que MM. les préfets suspendent le droit d'irrigation, même les dimanches, sur tout le cours de la rivière, une fois pour le service du moulin à poudre, une autre fois pour le service des moulins à blé, qu'ils le font sans qu'il soit question d'indemnité, voyons la valeur que le tribunal des lieux met à l'irrigation.

Il appert, par l'événement du jugement que j'ai cité, que je n'avais pas fourni à mon voisin l'eau comme le tribunal a prononcé que je la devais. Cependant le pré du plaignant n'était pas totalement privé d'eau; mais, au vrai, il en avait bien moins qu'il n'en prétendait avoir. Estimation du dommage par des experts : il est évalué à quatre mille huit cent soixante-douze francs, seulement pour faute d'irrigation. Le tribunal prononce cette condamnation.

Le pré de M. *** dont il s'agit, est de 18 acres; s'il le loue le prix courant du canton, il en tire, franc d'impôt, quatorze cent quarante francs. Je l'ai privé d'une partie de son irrigation pendant deux ans; je lui aurai donc fait tort par an de deux mille quatre cent trente-six francs, c'est-à-dire que, chaque année, je lui ai nui de près de deux fois la valeur du fermage. Mais pendant la durée du procès, qui a été de deux autres années, je lui ai fait le même tort. Demande par lui de pareille somme. Je n'ai pas défendu sur cette demande, parce que les juges, pour être conséquens, ne pouvaient la lui re-refuser. Mais si cependant j'eusse plaidé là dessus encore deux ans, je ne pouvais éviter une troisième condamnation de 4872 francs, et ainsi de suite. De sorte que mon voisin récoltait d'une part son foin, car on n'a pas vu qu'il ait négligé de le faucher; de l'autre, il me faisait payer par an près de deux années de son revenu. Jamais procès ne put être plus avantageux que celui-là.

J'ai eu beau réclamer auprès du tribunal, demander une contre expertise, demander à prouver que le moulin pour le chômage duquel on me condamne à douze autres cents francs était abandonné; dire que mon acte porte que je dois les eaux pour l'irrigation, et ne dit pas que ce soit pour un moulin : le jugement prononce que « les experts ont parfaitement rempli leur mission ; que « les explications qu'ils ont données dans leur procès-verbal, que « les précautions qu'ils ont prises, et le soin avec lequel ils l'ont « rédigé, prouvent qu'ils ont cherché à rendre une justice sévère « dans l'évaluation des dommages et intérêts qu'ils ont faite ; « qu'enfin il n'y a pas de motifs pour que le tribunal ne s'en « tienne pas à cette évaluation. » D'après un si bel éloge, je ne dois pas cacher à mes compatriotes le nom de tels experts, afin qu'ils sachent au besoin à qui s'adresser. Ce sont MM. Bellanger, arpenteur, demeurant à Clères, à qui il paraît qu'il faut attribuer la plus grande partie de ce mérite ; Quillebeuf, adjoint de Malaunai, et Barbet, riche teinturier.

La seule réflexion que j'aie à faire sur cette partie du jugement est celle-ci : les juges, en vertu de l'article 645 du Code civil, *concilient l'interêt de l'agriculture*, tout autrement que les administrateurs. Ceux-ci traitent l'irrigation comme un vol fait aux usines, et vont réglementer aussi la rivière de Clères, qui se réunit sur mon terrain à celle de Cailly. *Il ne faut pour cela qu'un bout d'arrêté*, et la demande en est déjà faite par la commission des filateurs. Les juges estiment chaque année de déchet d'irrigation à près de deux années de revenu.

Je dirai ici quelques mots de l'affaire de Clères, parce qu'elle revient parfaitement au sujet que je traite ; et j'en parlerai avec plaisir, parce qu'elle sort de ma propre cause. Les prés que baigne cette rivière, exempte jusqu'à présent du règlement d'irrigation, sont, ainsi que la première usine qu'elle fait mouvoir, à madame la duchesse de Charost : ainsi elle a elle-même intérêt à ce que son usine, qui est un moulin à deux tournans, jouisse du cours régulier des eaux. J'y ai aussi intérêt, puisque le moulin, immédiatement au-dessous est à moi. Le régisseur de cette terre a adopté l'irrigation à tour de rôle entre tous les fermiers ; et j'atteste que mon moulin reçoit les eaux bien plus également, bien plus favorablement que celui que j'ai sur la rivière de Cailly, où le règlement ne donne que le dimanche à l'irrigation, et où trois gardes spéciaux veillent à son observation. Pourquoi cela? c'est que, par le tour de rôle, les riverains sont surveillans les uns des autres, personne ne voulant être privé de son tour au jour et à l'heure où les eaux doivent être prises uniquement par lui. Par l'usage du règlement, aucun riverain n'a intérêt à empêcher les prises d'eau indues : c'est autant de pris sur l'ennemi commun. On s'entr'aide même à le tromper; car il ne peut pas être partout à la fois. Aussi cette rivière est-elle dans une perpétuelle fluctuation de hautes et de basses eaux. Lorsque MM. les filateurs auront obtenu de M. le préfet d'appliquer le règlement à la rivière de Clères, ces prairies perdront un quart de leur produit, et MM. les filateurs auront des eaux inconstantes au lieu d'un cours réglé : tant est malheureuse la manie d'asservir les intérêts des autres aux siens !

Pour que l'on puisse prendre un filet d'eau sur une rivière réglémentée, il faut une descente d'ingénieur, un procès-verbal *de commodo et incommodo* : il en faut autant pour faire un moulin sur sa propriété. Pour faire perdre à deux cents acres de prairie un quart de leur valeur dans la main du propriétaire, il ne faut qu'un arrêté pris sur la demande de filateurs qui sont à trois lieues de là. Pour que la paroisse de Monville ait à l'irrigation commune une part quelconque, il n'y a point d'arrêté que le ministre ne casse. Et l'on pourrait trouver à tout cela quelque ordre, quelque bon sens (1) !

Je reviens à la dénonciation de M. Adeline, laquelle est un résumé des prétentions de MM. les filateurs. Elle me fournit l'occasion de traiter encore une autre question de droit, qui intéresse tous les riverains de cours d'eau. « Si chacun construisait des moulins à sa « fantaisie, dit M. Adeline, le régime de la rivière serait bientôt « changé, au détriment des anciens établissemens. »

On ne comprend pas, je crois, comment des moulins changent le régime d'une rivière qui n'est pas navigable, car les moulins ne

(1) Que l'on s'aperçoive donc enfin que les propriétaires n'ont pas de défense (et ceux que je cite ne sont pas des plus faibles) contre d'autres intérêts étroitement liés.

boivent pas l'eau; comment ils peuvent nuire, à une grande distance, à d'autres établissemens : mais la prétention est plus sérieuse qu'elle ne paraît ; la voici telle que je l'ai entendu soutenir dans des commissions convoquées par les préfets. « Quand nous avons fait « sur la rivière nos établissemens, nous avons compté sur l'état des « choses le long du cours d'eau au-dessus de nous. Ainsi aucun pro- « priétaire supérieur, à quelque distance que ce soit, n'y peut « rien changer que de l'agrément des *anciens établissemens.* » On sent toute la portée de cette prétention. C'est dans cet esprit que M. Adeline exige impérieusement de M. le préfet la communication des pièces de mon affaire, bien qu'il y ait au moins quinze cents toises de distance et quarante pieds de pente de mon moulin à ceux de M. Adeline; bien qu'il y ait trois autres usines intermédiaires, et peut-être vingt propriétaires différens entre lui et moi. A cette prétention, qui tend clairement à empêcher tout établissement nouveau qui serait en concurrence avec les anciens, les propriétaires ont à répondre : « Nos droits de propriété sont encore « plus anciens. De n'avoir pas usé de l'eau jusqu'à présent, soit « pour l'irrigation, soit en appliquant sa pente sur notre terrain au « mouvement d'une usine, ne peut nous ôter le droit de le faire, « pas plus que le droit de bâtir ou de planter sur son fonds ne se « perd pour ne l'avoir pas fait. »

Alors MM. les filateurs retournent la question, et la présentent ainsi, dans un rapport fait à M. le préfet par une commission nommée en son absence, et composée de manière que les filateurs y dominèrent. « Considérant que les propriétaires riverains de la « rivière de Cailly ont prescrit le droit d'emprunter l'eau de la « rivière pour l'irrigation de leurs prairies, etc. » Membre de cette commission, je protestai contre ce considérant.

On ne pourrait pas soutenir devant un tribunal que le droit d'irrigation, lequel est écrit dans la coutume et le Code civil, n'est qu'une servitude que les propriétaires de prairies ont acquise par prescription contre les usines. Mais il y a en France deux justices; la justice judiciaire, et la justice administrative. Or, si l'on peut faire passer en justice administrative ce principe, que l'irrigation n'a de titre que la prescription, et la chose est aisée, parce que là généralement on n'est pas fort sur les questions de droit, l'irrigation est perdue. En effet, par l'article 107 de la coutume de Normandie, nulle servitude ne peut être acquise sans titre, fut-ce par une possession de cent ans; donc, diront-ils, la prescription en faveur de l'irrigation contre nos établissemens ne peut courir que depuis la promulgation du Code civil, et ne sera acquise que dans seize ans. Voilà ce qu'on peut appeler *filer une affaire.*

Il convient maintenant de faire connaître l'acte qui couronne toute cette législation administrative sur les cours d'eau particuliers.

On a vu que j'étais aussi dénoncé (1) par M. Adeline pour avoir construit sans permission, il y a quelques années, un moulin à papier, occupé par le sieur Chevalier. Par son bail, le sieur Chevalier étant chargé de la construction, je ne savais pas s'il s'était soumis à quelque formalité. En acquérant la preuve qu'il les avait toutes remplies, j'ai appris pour la première fois ce que c'est que cette permission que le Gouvernement accorde de construire un moulin. Voici la pièce; elle intéresse les propriétaires.

« Nous, préfet. — Vu la pétition du sieur Chevalier; — le certi-
« ficat d'affiche; — le rapport de M. l'ingénieur; — la loi du 6 oc-
« tobre 1791, l'arrêté du Gouvernement du 19 ventose an 6, l'in-
« struction du ministre de l'intérieur du 19 thermidor suivant, le
« règlement du 17 pluviose an 10, approuvé le 28 floréal de la même
« année.

« Considérant que des pièces ci-dessus visées il résulte qu'il n'a
« été fait aucune réclamation.

Eh s'il y en avait eu, qui aurait jugé ces questions de propriété? M. le préfet.

---

(1) Cette dénonciation me fait souvenir de celle qui m'a poursuivi pendant les cents jours; je n'en soupçonnais pas l'auteur.

« Qu'il ne peut en effet y en avoir, d'abord parce que M. de Mon-« ville est propriétaire sur ce point, et sur une assez longue étendue « de terrain des deux rives du cours d'eau; ensuite parce qu'il « n'existe d'usine ni à l'amont ni à l'aval de l'endroit où le moulin « nouveau sera placé, ou du moins qu'il ne s'en trouve qu'à une « très-grande distance; qu'il ne peut alors, ainsi que M. l'ingénieur « en chef le pense, y avoir d'inconvénient à permettre la construc-« tion projetée. »

Ceci est bien convenu. Il ne peut y avoir d'*opposition* ni d'*inconvénient*, parce qu'il ne se trouve d'usine qu'à une très-grande distance. C'est bien le point de droit établi sur le point de fait vérifié par l'ingénieur; c'est bien approuvé par le ministre. Eh bien! ce moulin, occupé par le sieur Chevalier, est de trois cents toises plus près de M. Adeline que celui qu'il dénonce présentement; dénonciation d'après laquelle M. le préfet a si promptement fait mettre les scellés. Le pouvoir administratif s'est donc dédit. Il en résulte que son perfectionnement avance comme le temps, et que les droits de M. Adeline croissent comme les distances.

« Ordonnons ce qui suit. Le sieur Chevalier est autorisé. — Les « dimensions des diverses parties de ce moulin seront dans les pro-« portions qui vont être déterminées : la section, — la hauteur, — « la largeur, — la pente de la tête, — la pente du canal, — le saut « du premier, — le saut du second. — Le pétitionnaire fera con-« struire. — Il sera placé un repère dans le biez du moulin. — Dans « aucun temps ni sous aucun prétexte, le sieur Chevalier ou ceux « qui le représenteront ne pourront réclamer aucun dédommage-« ment ni aucune indemnité pour cause de chômage, ou par suite « des dispositions que le Gouvernement jugerait convenable de faire « pour l'avantage de la navigation, de l'industrie ou du commerce, au « cours d'eau sur lequel l'usine à construire sera placée. » Fait à Rouen, en l'hôtel, etc. (4 février 1807.)

Cet acte, qu'on nomme *une concession*, est fait sur le modèle et dans les conditions des concessions que le Gouvernement accorde sur le cours d'eau du domaine public, les rivières navigables. Je demande maintenant si un ministre a le droit de faire que ce qui est une propriété privée devienne une tolérance sur le domaine public, et puisse être anéanti sans indemnité. Tout cela n'est-il pas nul, de toute nullité? Ne faudrait-il pas, pour faire une telle subversion de la propriété, une loi? et une telle loi serait-elle proposable?

Si on calcule le nombre de moulins à blé qui fournit à la consommation de la France, on trouve qu'il doit y en avoir sept à huit mille, dont les quatre cinquièmes au moins sur les cours d'eau non navigables. Ajoutez-y les usines de tout genre qui s'y trouvent, vous aurez le nombre des propriétés privées qui se trouvent englobées dans les dispositions uniquement propres au domaine public par la loi, et cela par une disposition purement administrative. Lorsque le Gouvernement, pour faire un canal, prive d'eau, en tout ou en partie, quelque moulin, il n'indemnise donc point? Les usines sont donc hors la loi du Code civil, art. 545, et hors la loi de la Charte, art. 10?

Et chacun de ces huit mille moulins qui, aux yeux de la loi, n'est pas inférieur à une filature, règlera à sa convenance six lieues de pays! La législation passerait dans les mains des meuniers.

Si jamais on faisait le canal de Dieppe à Paris, canal depuis longtemps projeté, un embranchement de ce canal sur Rouen est indispensable par la rivière de Cailly; toutes ces belles filatures, si prétentieuses, seraient supprimées sans indemnité. MM. les filateurs n'y pensent pas; ce système de permission administrative, introduit dans ce département sur leurs instances, les met dans une position singulièrement précaire. L'oppression menace toujours ses propres instigateurs.

En terminant cette partie historique de la question que je traite, je répète qu'en disant MM. les préfets, je n'ai entendu blâmer ni M. tel ni tel autre. M. le préfet actuel n'a fait envers moi que ce qu'il croit être un devoir, qu'il lui a été pénible de remplir. J'ai voulu dire qu'ils ont fait ce que tout préfet eût probablement fait à leur place, en suivant l'impulsion qui leur était donnée par un gouvernement sous lequel tout dégénérait en système administratif, parce qu'il se souciait peu des citoyens, que l'on ne fait et qu'on ne s'attache que par la justice des lois; et qu'il ne voulait que de l'argent et des soldats par l'arbitraire de l'administration : ce qui ne lui a pas longtemps réussi.

TROISIÈME PARTIE.

Considérations générales.

§. 1.

De la rivalité des intérêts commerciaux et des intérêts agricoles.

CHAQUE branche de commerce demande la liberté la plus grande pour elle, et la prohibition ou une entrave quelconque pour quelque autre branche de commerce, ou pour quelque production naturelle au sol.

Il n'y a pas une fraction de commerce ou d'industrie manufacturière qui n'invoque à l'appui de sa demande l'intérêt général; comme si l'industrie, qu'elle prétend gêner, ou la production qu'elle veut restreindre, n'étaient de nulle considération dans les intérêts généraux.

Quand la question est agitée entre deux intérêts commerciaux ou manufacturiers, les mémoires imprimés ne manquent pas. Chaque branche de commerce a ses liaisons particulières, des villes où elle domine, des chambres de commerce qui, par cette circonstance de localité, sont pour ainsi dire spéciales; les unes pour la partie qui attaque; les autres pour la partie qui se défend. La question est parfaitement débattue.

Mais si la question est à débattre entre des intérêts commerciaux et des intérêts agricoles, la partie n'est pas égale. Les uns ont des réunions journalières à la bourse, un tribunal de commerce, une chambre consultative; ils se liguent, et font, à frais communs, toutes les démarches qui peuvent faire réussir leur affaire. Les autres n'ont que des défenseurs isolés dans les campagnes; et, la plupart du temps, ils ne sont pas même informés de l'attaque qu'on leur porte. Par exemple, la récolte de chardon à peigner les draps est mauvaise; ils renchérissent. Demande des fabricans de draps que l'exportation du chardon soit suspendue. La demande est accordée, et plus d'exportation du chardon. Quelque chambre de commerce aura sans doute été consultée : elle aura dit qu'on ne peut fabriquer les draps sans chardon à les peigner, et que l'étranger, pour faire manquer les fabriques françaises, allait s'empresser de les faire enlever à tout prix. Ces raisons peuvent être bonnes et très-bonnes : mais s'il y avait eu une chambre d'agriculture qu'on eût consultée, elle aurait probablement répondu, qu'au prix où les cultivateurs offrent les chardons, le drap n'en peut être sensiblement augmenté, parce que la partie de la fabrication à laquelle ils sont employés est infiniment petite en comparaison de la fabrication entière; que ce prix est, pour les cultivateurs, une indemnité inférieure au produit d'une récolte qui serait bonne; que, si on prive l'étranger du produit de cette culture française, l'étranger sera forcé par là de faire cette culture chez lui-même, et que la France perdra un article d'exportation.

La prétention des usines contre l'irrigation, et en général l'objet qui a été particulièrement traité dans ce mémoire, est un autre exemple de l'influence prépondérante du commerce sur les déterminations administratives. Il est donc de toute justice et d'un haut intérêt général de donner aussi à l'agriculture des chambres consultatives.

Mesurons maintenant les valeurs rivales, et voyons sur quelle proportion de capitaux, de travail, de population, l'une et l'autre chambre consultative auront à donner leur avis.

Certes, nulle part en France la valeur manufacturière n'est plus accumulée sur un point que sur la rivière de Cailly. Dans une longueur de deux lieues de poste, on compte dix grandes filatures, peut-être vingt moyennes et petites, autant d'autres tournans hydrauliques appliqués à d'autres usages. On évalue les prairies baignées par cette rivière à deux mille acres.

Dans l'état de souffrance où les usines ont mis l'irrigation, ces prairies se louent moyennement quatre-vingts francs l'acre, qui produit, en deux coupes, sept milliers de foin en livres pesant. Il n'y a pas un cultivateur qui ne pense que, s'il avait la faculté d'arroser deux fois par semaine seulement quelques heures, le produit ne fût porté à dix milliers, et le prix de location à cent vingt francs. Ainsi l'agriculture de cette vallée perd quatre-vingt mille francs par an de rendage au propriétaire, et autant au fermier. La consommation du pays est privée de six mille milliers de foin, que quelques filatures de coton ôtent au commerce de bestiaux et à celui de roulage. La perte sur la valeur foncière est beaucoup plus grande. Les biens-fonds, dans ce canton, se vendent le denier quarante ; un acre de terre loué trente francs se vend douze cents francs. Si les prairies rendaient leur produit naturel, un acre de pré se vendrait quatre mille huit cents francs. Pourquoi donc celles qui ne jouissent pas de quelque faveur particulière de situation ne se vendent-elles que deux mille quatre cents francs, et souvent moins ? C'est qu'indépendamment de la diminution du produit, les tracasseries continuelles auxquelles les propriétaires et fermiers sont exposés pour l'irrigation, les dégradations qu'occasionne la rentrée simultanée des eaux, écartent les acquéreurs de cette espèce de propriété. Je demande maintenant s'il est de l'intérêt du commerce de Rouen, pris en général, qu'il y ait à la porte de la ville cinq millions de valeurs échangeables anéantis ; car, sous le rapport du commerce, les biens-fonds ne sont que des capitaux en réserve. Je demande s'il est de l'intérêt du département de la Seine inférieure qu'un propriétaire, madame la duchese de Charost, par exemple, perde deux cent mille francs de la valeur foncière de sa terre, et cela par un bout d'arrêté. Je demande s'il est de l'intérêt de la nation entière qu'un seul centime de la valeur de la propriété du plus faible paysan soit sacrifié à qui que ce soit.

Et moi qui réclame ici l'indépendance de la propriété, j'ai cependant un intérêt beaucoup plus grand, comme propriétaire d'usines que comme propriétaire de prairies. Vous savez mieux que personne, M. Adeline, ce que j'ai d'usines, ce que j'en élève et ce que j'en élèverai. Si vous me faites perdre, par votre mauvais règlement d'irrigation, nuisible à vous-même et aux autres filateurs, quelque valeur de mes prairies, vous savez que ce sont bien d'autres valeurs que j'ai à livrer à l'industrie manufacturière : ainsi je parlerais contre mes propres intérêts. Je ne me targue pas de le faire en cette occasion ; si elle se présentait, je sentirais ce que mon rang et mes devoirs m'imposent. Je soutiens seulement que toutes ces vexations n'ont d'autre intérêt que celui d'un aveugle amour-propre.

Poussons le calcul plus loin. Un cultivateur qui prend une ferme de cinquante hectares de terre ne peut pas avoir moins de vingt mille francs de capital, en mobilier productif de travail et en argent, pour les avances d'une année. Les communes sont moyennement composées de cinq cents hectares, ce qui ferait dix fermes; mais il y en a beaucoup de plus petites, et il y a beaucoup de petits propriétaires. Sur ces petites exploitations, le nombre de bestiaux est plus grand, et le mobilier productif de travail est plus répété, eu égard à l'étendue du terrain, que dans les grandes exploitations. On peut donc évaluer à trois cent mille francs par commune le capital indispensable à la culture des terres. Le département est composé de mille communes ; voilà trois cents millions. Ajoutons à cette somme les capitaux du commerce des foins, des grains, des bestiaux, des boissons, des bois, tous commerces unis aux intérêts fonciers : tous les autres genres de fabrication réunis ne peuvent certainement entrer en balance dans le département, qui cependant est le plus manufacturier du royaume.

Veut-on compter les bras employés de part et d'autre? Non certes; les fabriques n'oseraient pas. C'est beau à voir que deux cents ouvriers, hommes, femmes et enfans employés dans le même local; mais le plus mince village en emploie davantage. C'est une grande fabrique longue et large d'une lieue, qui emploie plus de cuirs, de bois, de fers qu'une filature quelconque. Veut-on compter la valeur des bâtimens de ces superbes manufactures, nous la dépasserons cent fois avec nos humbles granges. Quelle fabrication manufacturière vaut donc la peine qu'on ôte aux gens de la campagne la terre et l'eau?

Le commerce lui-même, dès qu'il a fait quelque bénéfice, ne se hâte-t-il pas de le convertir en biens-fonds? Ne voit-il pas dans ses travaux la perspective des domaines qu'il aura acquis, comme le fruit de ses peines? Pourquoi donc veut-il opprimer un genre de fortune auquel il aspire? Et faut-il qu'il gâte d'avance la noblesse de sa récompense et le repos de sa vieillesse?

Les filateurs à l'hydraulique de la vallée dont je parle se persuadent à tort qu'il est de leur intérêt de brider l'irrigation des prairies; mais enfin ils se le persuadent, et ils obtiennent à cet égard tout ce qu'ils veulent. S'ils filoient au moyen de moulins à vent, ils obtiendraient de même qu'on abattît les arbres à la distance où ils pourraient intercepter le vent, toujours par la considération de l'intérêt général et de la faveur du commerce. Eh bien! moi, je dis que l'intérêt général, que l'intérêt du commerce en général, que le premier principe de la prospérité du commerce, est l'inviolabilité de toute espèce de propriété. Je dis que la violation des droits, que les préférences injustes qui jettent les droits dans l'incertitude, que les faveurs administratives qui offensent la législation et commettent les intérêts à la fluctuation des disputes, sont principalement funestes au commerce, qui, plus qu'aucun autre intérêt, a besoin de sécurité, parce qu'il opère à plus long terme.

Ces manufactures du coton ne sont pas toujours dans une égale activité; souvent elles souffrent au point de congédier la plus grande partie de leurs ouvriers, qui, dans ce département, sont de je ne sais combien de dixaines de milliers. Alors une population immense, sans ouvrage, se répand dans les campagnes; les bandes de mendians s'accroissent de tous ceux qui, sans nécessité réelle, sont enclins à profiter de l'occasion. Il y a peu de fermes où il n'en coûte quarante livres de pain par jour.

Que chaque paroisse nourrisse ses pauvres autant que possible; cela est naturel. Lorsque les denrées de première nécessité excèdent fortement leur prix commun, sur lequel le prix du travail est naturellement basé dans l'univers entier, que les gens aisés y suppléent; c'est une loi d'humanité; c'est aussi une loi de raison. Les ouvriers employés aux travaux de la campagne sont la fortune du laboureur et du propriétaire : c'est une société naturelle entre gens tous intéressés et employés à l'agriculture. Comme l'agriculture a de beaucoup précédé l'industrie manufacturière, l'usage partout, et la loi en Angleterre, ont mis les pauvres à la charge des cultivateurs par paroisses, parce que, dans les campagnes, c'étoit la seule occupation et une sorte de corporation alors unique. D'autres occupations y ont amené d'autres causes de pauvreté. Il n'y a pas de raison autre que l'humanité, et peut-être la crainte, pour que les campagnes nourrissent des milliers d'ouvriers qui leur sont devenus étrangers, et qu'on n'y voit sortir des fabriques que pour venir demander du pain. L'humanité d'abord, la raison et la justice, voudraient que, dans les départemens où les fabriques emploient une partie notable de la population, il y eût une caisse d'épargnes fondée par une première mise de fonds faite par la société des fabricans, entretenue par une légère retenue sur les salaires aux temps de prospérité, qui se reverserait, avec les intérets, sur les ouvriers aux temps de suspension des travaux. Ce sujet est digne de l'attention du public; il est fort grave. Ce n'est pas la population agricole qui vient de commettre tant de désordres, et de donner tant d'inquiétudes en Angleterre, c'est la population livrée aux autres genres d'industrie, qui s'est vue déshéritée de salaire.

Je ne pense pas que cette proposition puisse déplaire aux manufacturiers : ils y pourraient même voir un ascendant de plus sur leurs ouvriers. Les autres états de la société pourraient aussi en redouter la corroboration d'une ligue qui n'est déjà que trop puissante. Il faudrait donc que l'administration de cette caisse fût confiée aux négocians de premier ordre, et qu'elle ne pût verser ses bienfaits qu'avec la permission et la mesure donnée par l'autorité publique.

J'ai dit que je discuterais le bien et le mal que les manufactures font à un pays. Je m'arrête tout court à la vue des mesures de police qu'elles nécessiteraient, de la protection que la loi devrait aux ouvriers contre les abus d'autorité du maître; les formalités judiciaires sont trop chères pour ces malheureux. En traitant ces différentes questions et d'ordre public et de régime intérieur des manufactures, j'aurais l'air de me venger. Je dirai avec plaisir le bien qu'elles font.

C'est une absurdité de croire, ainsi que je l'entends si souvent dire, que les manufactures ôtent des bras à la terre. Sans doute, lorsque tout à coup une manufacture à deux cents ouvriers s'élève dans un village, les bras destinés à la terre deviennent localement plus rare; leur nombre s'était mis en équilibre avec l'emploi auquel ils étaient habitués. Mais bientôt autour de cette manufacture le nombre des habitans augmente, la population croît et se met au niveau du nouvel emploi qui lui est offert. L'argent répandu par ce nouveau travail va fertiliser la terre; l'ancien sol n'est plus reconnaissable. L'état y gagne par la population, plus de force disponible pour les armées; par l'amélioration de la culture et par la population, plus d'impôts sans plus de charges. Un royaume qui a doublé la population d'une de ses provinces a plus gagné que par la conquête d'une province égale. Dans le premier cas, il a doublé des moyens sans augmenter sensiblement ses frais ; dans le second, il a incorporé une somme de moyens déjà en équilibre avec leur dépense; il a quelques régimens de plus pour défendre une frontière plus étendue. Tel est le cas ordinaire.

Nous ne sommes plus au temps où les peuples les plus barbares conquéraient les peuples policés ! Alors la puissance militaire était en raison de la pauvreté de la nation. A présent la puissance du commerce est une partie considérable de la force d'une nation ; et les manufactures indigènes sont la matière première du commerce, comme les produits du sol et sa population sont la matière première des manufactures.

Mais le sol et ses produits ont besoin de franchise et de liberté pour atteindre à toute leur valeur; et ce n'est que l'intérêt rétréci de chaque monopole en particulier, qui peut réclamer telle ou telle entrave particulière au produit du sol. La force commerciale nationale, prise dans son ensemble, se développera à mesure que la propriété, fondement de tout travail, sera plus respectée.

On comprend très-bien que les manufactures, dans leur enfance, ont besoin de protection particulière. Le grand Colbert dut, pour les introduire en France, leur donner de grands priviléges. Quand le marché n'est pas ouvert, et qu'il n'existe même pas, il faut assurer la vente par des moyens préparatoires, et ne rien laisser au doute des chances. Du temps de Colbert, tout était en immunités, en priviléges, en communautés, en prohibitions ou en droits distincts; il fallait bien faire aux manufactures leur part, tant en droits qu'en restrictions. L'introduction de l'industrie manufacturière dans un pays est comme une colonie qui commence; il faut, les premières années, lui porter des vivres. Mais lorsque l'industrie n'est plus au berceau, que le commerce est devenu grand, qu'une pièce de fabrique est à l'enchère dans tout l'univers, le commerce n'a plus besoin de langes ni d'autre appui que celui qui est commun à tous; c'est-à-dire qu'il ne doit obtenir aucune préférence sur un national quelconque.

Le commerce de l'Angleterre est un beau phénomène qui excite l'envie de toutes les nations. La position de cette terre qui flotte sur les mers en est une cause naturelle. Mais ni son acte de navigation, ni la persévérance opiniâtre de ses habitans, ni la modestie de la dépense, producteur de capital qui produit de nouveaux travaux, n'auraient donné à l'industrie et au commerce un tel développement, si l'homme, dans ce pays, n'était sûr de son avoir, et si la propriété, fondement de tout état social, n'était pas la première liberté que les lois et les mœurs garantissent.

§. II.

Distinction du pouvoir judiciaire et du pouvoir administratif.

L'administration est tout le Gouvernement, si on le considère dans son action. L'administration est la nomination aux emplois, la gestion des propriétés publiques, la tutelle des proprietés communales, la rentrée et la dépense des fonds publics, la prévoyance des intérêts extérieurs et intérieurs, l'entretien de la force, et son emploi pour assurer la paix au-dedans et au-dehors. Quel immense fardeau ! C'est tout ce qui est action générale.

Si on considère le Gouvernement sous le rapport de sa stabilité, question qui dépend de tant d'intérêts, et dont tant d'intérêts dépendent, c'est la législation civile et criminelle, c'est l'ordre judiciaire qui méritent sa plus grande attention, c'est tout ce qui est action individuelle, dont la somme est d'un poids qui enlève l'autre.

Il n'est pas toujours heureux pour un roi d'être un grand guerrier; il peut même n'avoir pas des Condé et des Turenne pour généraux; les Daguesseau, les Lhôpital lui sont plus nécessaires. Quand on n'est pas trop mal conduit ou qu'on n'est pas trop faible, on fait toujours la guerre tant bien que mal; quelques succès ou quelques revers ne touchent pas au Gouvernement; les catastrophes n'arrivent que par les énormes fautes ou les longues erreurs :

Mais on ne peut pas aussi impunément faire que la justice soit tant bien que mal rendue. Un roi grand justicier est le roi le plus sûr de ses peuples.

On dispute beaucoup des constitutions libres : il semble toujours que ces questions s'agitent entre gens qui établissent la question à la hauteur de leurs prétentions, ou entre gens qui, dénués de cet acquit que donnent les affaires matérielles, et de ce discernement profond qui fait voir les causes dans les effets, prennent dans la discussion un espace qui les exempte d'idées précises. On ne fait pas assez d'attention au premier besoin du citoyen : j'appelle ainsi l'homme qui doit être attaché à la patrie. Le premier besoin de l'homme, c'est la justice des lois; l'incertitude de la règle dans ses dispositions et dans son application est ce qui le tourmente le plus. C'est alors que l'inquiétude le porte au désir d'un changement, et qu'il adopte d'humeur de grandes opinions politiques, dont si peu d'esprits sont propres à prévoir les conséquences.

L'intérêt du Gouvernement est de ne pas être aperçu dans les démêlés entre les intérêts particuliers; ils donnent une aigreur, et celui qui a tort jette des plaintes dont la cause ne devrait jamais être imputée au Gouvernement. Voilà pourquoi le Roi, chef de toute justice, se dessaisit aussitôt de son application, et se fait exempt de ce que ses actes peuvent avoir de rigoureux ou de fautif, en instituant des juges qu'il s'interdit de révoquer.

L'application de la justice distributive échappe donc à un certain point au Gouvernement, quand la nomination du juge est faite ; mais le Gouvernement a bien des moyens de prévoyance qui doivent l'assurer que la justice sera bien rendue.

D'abord la préparation de bonnes lois. On a compris, dès l'antiquité, quelle était l'influence des lois sur le Gouvernement; mais depuis l'immortel Montesquieu, qui a justifié l'étendue de ses vues par des exemples parlans, il n'est plus resté de doute sur l'étendue de jugement qu'il faut porter à la confection d'une loi, sur l'importance d'en bien fixer l'esprit. Une loi, si indifférente qu'elle puisse paraître, a des conséquences inattendues pour le commun des hommes.

L'importance des fonctions de juge est aussi dépendante du Gouvernement. S'il ramène les fonctions administratives à leurs véritables attributions; si, en leur laissant l'action, il leur interdit toute disposition législative et judiciaire, les juges sortiront de l'abaissement où ils sont. Il faut que la considération, qui se mesure sur l'étendue des attributions, honore cet état; la probité, les lumières, l'opulence même rechercheront cette considération; on aura des magistrats. On ne croit pas assez qu'un pays ne va que comme la justice y est rendue. La légitimité est la grande paix publique, elle tue la guerre des palais; la justice, qui est la main droite du Roi, doit répandre la paix individuelle jusqu'à la dernière chaumière; c'est par ce sentiment qu'elle s'attache au palais.

Lorsque les fonctions de juge auront l'importance qu'elles doivent avoir, la nomination, qui est un des moyens directs du Gouvernement d'assurer la justice, ne sera plus flottante qu'entre de grands choix.

J'interromps ici l'ordre de la matière particulière que je traite, pour dire peu de mots de la distribution des tribunaux, d'où dépend beaucoup leur importance. Je craindrais, si je ne les disais, d'encourir moi-même le reproche de trouver dans le vague du système la commodité de n'avoir point d'idées précises. Mon opinion est qu'un seul tribunal de première instance suffirait par département; et qu'un seul tribunal d'appel suffirait au royaume. Trois membres du tribunal d'appel ne pouvant décider qu'à l'unanimité, ou quatre ne pouvant décider qu'à la majorité de trois, iraient tenir les assises civiles dans chaque département à tour de rôle. Cette cour unique, composée de cent membres, suffirait au service.

La distribution de nos tribunaux est copiée sur leur état précédent, et rien ne se ressemble plus dans les situations. Chaque province avait ses lois et ses coutumes; chacune avait ses priviléges distincts; ses rapports avec l'administration publique lui étaient particuliers. Un corps de juges, particuliers à chaque province, était le résultat du titre auquel elle appartenait à la couronne; ce corps était nécessaire à la science des lois locales, et à la défense des privilèges provinciaux; il fallait qu'il fût juge et pouvoir politique. La naissance, la fortune, des études préliminaires, y plaçaient les magistrats : c'est de là que sortaient les grands administrateurs; c'est de la magistrature qu'ils devront sortir. A présent que les lois civiles sont uniformes, qu'une seule loi politique unit le pays, on ne conçoit pas l'avantage de tribunaux sédentaires, et on en conçoit fort bien les inconvéniens.

Ce peu de mots suffit ici; je ne craindrais pas de traiter la question jusque dans ses moindres détails. Qu'il me suffise de demander quelle est la justice d'un tribunal dont un grand nombre de jugemens est réformé sur l'appel; et si un juge ne doit pas être, autant que possible, comme à part dans la société. Qui ne désirerait pas que sa partie adverse fût inconnue au juge?

Les juges ne peuvent plus être en France les conservateurs de la loi politique; mais ils rédeviendront des magistrats garans d'une partie essentielle de la liberté, quand ils seront une barrière contre l'invasion du pouvoir administratif.

Que devient la liberté exprimée dans une constitution, quand elle n'est pas dans les lois d'application? Quel sentiment de la liberté peut avoir un homme qui ne sait pas qui, du préfet ou du tribunal, l'inquiétera ou le défendra? Ce n'est pas la constitution qui rend un Anglais si fier. Frappant du pied le sol qui l'a vu naître, le champ qui lui appartient; levant une tête sereine, il dit : Il n'y a entre le ciel et moi que la loi. Et nous, Français, qui voulons aimer, nous voulons dire : Il n'y a entre le ciel et nous que la loi vivante; car c'est ainsi que nous nommons nos rois; et il nous plaît de leur devoir des bienfaits.

La loi civile et criminelle est uniforme, elle est confiée aux tribunaux; mais la loi administrative n'a ni bornes certaines, ni attributions distinctes, ni fixité dans son application. La limite doit être posée par ce seul article de loi ou d'ordonnance : Rien de ce qui git dans l'application d'un article des Codes civils et criminels n'est passible de la décision administrative.

Dans le récit que j'ai fait d'une affaire particulière, et dans la discussion que j'ai introduite d'une très-petite partie de l'administration, on a pu voir combien les actes administratifs se trouvent mêlés de discussions judiciaires, de dispositions sur la propriété. Dans beacoup de cas judiciaires, sur beaucoup de questions touchant à la propriété, l'action administrative est nécessaire ; la décision doit toujours être interdite.

Il faut donc que la législation distingue bien les attributions judiciaires des attributions administratives, et qu'elle réforme la confusion qu'elle y a pied à pied introduite. L'article que j'ai proposé est plus de la moitié de l'affaire, si elle n'est là entièrement. Quant à l'application du principe dans ses conséquences, si aucun arrêté des préfets ne pouvait recevoir d'exécution qu'après la vérification d'un tribunal, ou qu'il ne fût soumis à l'approbation du ministre, dans les cas qui le requièrent, qu'après l'avis d'un corps de juges, les préfets n'empiéteraient pas si facilement sur les attributions judiciaires. Par exemple, M. le préfet fait mettre, par le pouvoir de police, mon adjoint, le scellé sur mon usine ; il en a mis en interdit de plus importantes. Si j'avais résisté, et que je me fusse entêté à faire travailler mon usine, il y eût envoyé la gendarmerie, et il n'aurait agi que conséquemment à des principes qu'il peut croire légitimes. Est-ce que dans un cas qui ne touche point à la sûreté ni à la fortune publiques, qui gît tout en question de propriétés et d'intérêts privés, un administrateur peut ordonner de semblables exécutions ? et pas un juge eût osé recevoir ma plainte !

Il n'est pas inouï de soumettre les actes administratifs locaux à la vérification des juges. Les parlemens défendaient aux intendans de passer outre ; les intendans ne pouvaient faire mouvoir un huissier ; les préfets, bien qu'ils aient singulièrement étendu les attributions des intendans, ne le peuvent pas encore. Certains ordres d'actes administratifs devraient donc être présentés à un corps de juges qui vérifieraient seulement s'ils ne contiennent rien de judiciaire; c'est la garantie que l'on doit aux administrés, et tout administré doit avoir droit de recours à tous juges. Les juges trouvent-ils jugement civil dans l'arrêté du préfet, ils en réfèrent au garde des sceaux, et le préfet au ministre de l'intérieur. L'affaire est portée, selon sa nature, au conseil-d'état, à la cour de cassation, ou aux chambres.

La réciprocité du tribunal à la préfecture doit être introduite. le préfet doit avoir le droit de connaître tous les jugemens, pour que rien d'administratif ne s'y mêle; les procureurs-généraux devront y être très-vigilans.

L'irrégularité de la législation est le fléau des empires. La concordance des lois d'application avec les lois de l'état est la cause première des longues prospérités.

§. III.

RÉSUMÉ.

En exposant la législation sur les cours d'eau, j'ai fait remarquer la distinction précise établie par les anciennes ordonnances et par les lois les plus solennelles qui les ont suivies, entre les rivières du dodomaine public et celles qui ne sont pas soumises au service général. On a pu voir comment les dispositions indécises de quelques lois indiscrètement faites ont servi de texte au pouvoir administratif pour régir par les règles du domaine les cours d'eau particuliers, pour soumettre à l'arbitraire de l'administrateur des intérêts individuels, et pour ôter aux tribunaux l'attribution de questions de propriété. Cette violation de principes, cette anticipation de pouvoirs toujours croissante, ont dû nous conduire à plaindre la faiblesse à laquelle on a réduit le pouvoir judiciaire, et à trouver dans l'importance qui doit être rendue à ses fonctions le frein nécessaire à l'arbitraire administratif, qui, dans sa trop grande extension, compromet le Gouvernement sans lui valoir aucun avantage. En traitant une question particulière de législation, je n'ai pas dû la considérer isolément, parce qu'une question, si inférieure qu'elle puisse paraître, n'est véritablement discutée que quand ses rapports à l'ensemble ont été saisis.

J'ai parlé de cette protection de préférence réclamée par le commerce, dont chacune des prétentions s'appesantit sur quelque autre fraction du commerce général et de la masse des productions. J'ai demandé des chambres d'agriculture consultatives. Quand on en viendra à rédiger un code rural, si vivement demandé, on s'apercevra que des contestations purement rurales doivent être présentées en première instance à des jurés ruraux, comme les affaires commerciales sont d'abord décidées par les tribunaux de commerce. On voudra que des procès compliqués de questions de droit et de questions de fait de matière rurale soient d'abord décidés sur le fait par les jurés ruraux. On épargnera ainsi beaucoup de travail aux tribunaux, et on pourra plus facilement en restreindre le nombre. Enfin, si j'ai systématisé quelques idées, elles se réunissent toutes à ce point unique, qui n'est pas un système extraordinaire : l'importance des juges est celle de la sécurité des sujets et du respect qu'on doit au trône.

Six conseils généraux de département se sont plaints cette année des torts que font les usines aux riverains, par l'élévation à laquelle elles tiennent les eaux ; ils réclament l'intervention des ingénieurs et l'exécution des règlemens sur la police des eaux. Cela prouve que dans ces départemens, et probablement dans bien d'autres, non-seulement il n'y a pas d'intervention de l'administration dans ce cas, mais encore qu'on ignore qu'il n'y a pas sur cette matière de législation fixe.

Un propriétaire construit une usine sur son fonds ; il faut, pour que l'eau acquière par sa chute l'impulsion que la roue reçoit, qu'elle soit, en arrivant, relevée au-dessus de son niveau naturel, ou qu'elle soit, en sortant, baissée par le creusement de l'ancien lit. Tant que les eaux ne sont relevées ou abaissées que sur l'étendue du terrain du propriétaire, personne n'a à le contredire, ni l'intérêt privé ni l'intérêt public. Il peut faire une chute d'eau au profit d'une usine utile, comme il peut faire une cascade inutile dans son jardin; je n'y vois pas la moindre différence. L'usine étant construite, l'eau est-elle relevée ou abaissée sur la propriété voisine? Si ce nouvel état des eaux ne convient pas à ce propriétaire, il peut s'adresser aux tribunaux, et y faire preuve que la hauteur de la rivière a été changée à son égard par le fait de la construction de l'usine. Il sera certainement jugé, en vertu de l'art. 640 du Code civil, que nul ne peut ni élever ni abaisser les eaux sur autrui.

Cela ne se pourrait autoriser que si, en législation, on reconnaissait la faveur des usines, comme elle adopte la faveur des contrats de mariage, la faveur de la libération, ou plutôt comme la législation des mines donne aux concessionnaires des droits sur le terrain d'autrui.

On pourrait prendre en considération l'avantage public qui résulte de la propagation des usines sur les cours d'eau qui procurent de tous les moteurs le plus économique, et donner, à qui a les moyens d'en élever une, la faculté de s'approprier toute la pente nécessaire au-delà de son terrain, jusqu'à une infériorité déterminée de l'affleurement des berges des propriétés étrangères comprises dans l'étendue concédée. On pourrait accorder cette faveur dans le cas où le voisin dont on sacrifie le droit ne justifierait pas avoir les facultés d'en faire usage à son propre compte en élevant lui-même une usine; raison sur laquelle est fondée en partie la faveur des concessions des mines sur un rayon qui excède la propriété du concessionnaire. Cette proposition, qui peut être soutenue, ne pourrait être admise que par une loi, parce qu'elle touche à la propriété; et je la combattrais parce que les usines s'élèvent et se multiplient sans cette innovation: les mines ne pourraient, au contraire, s'exploiter sans l'admission de ce principe. C'est dans ce cas, et dans celui des canaux de dessèchement et d'irrigation *généraux*, que la concession est nécessaire, et qu'il est indispensable que l'intérêt particulier de chaque propriétaire soit, à un certain point, soumis à l'intérêt particulier des concessionnaires chargés de clauses d'un intérêt public. Hors ces cas et ceux de la voie publique, et de la défense du territoire, le plus grand intérêt d'une nation est l'inviolabilité et la franchise de la propriété particulière.

Il est peut-être encore un cas particulier, quoique fréquent en France, où l'usage des eaux devrait être soumis à la forme concessionnaire. Ce sont les retenues d'eau des étangs, soit seulement pour l'empoissonnement, soit pour accumuler pendant la nuit assez de force pour faire mouvoir une usine pendant le jour. Beaucoup de forges et de moulins ne peuvent travailler que de cette manière. Le propriétaire inférieur peut dire : Le ruisseau coulait uniformément sur mon terrain; vous le mettez à sec une partie du temps, après quoi vous me l'envoyez double de volume ; cela ne me convient pas, je veux que vous ne changiez rien à l'état du ruisseau sur mon terrain. Certainement il a tout droit de l'exiger. Cependant il ne pourrait pas s'élever d'usines sur ce ruisseau, et toutes celles qui n'ont pas acquis la prescription par la possession seraient dans le cas d'être détruites, si elles ne pouvaient invoquer l'usage des lieux. Ainsi, dans le retour à la vérité des principes que je réclame, il faudra pour les étangs une disposition particulière.

J'ai dit à quel titre un propriétaire pouvait se plaindre devant le juge du tort que peut lui faire un voisin par l'exhaussement ou l'abaissement des eaux résultant d'une construction. Il me reste à faire voir le moyen simple qu'il a de prévenir ce tort, avant même que la construction soit commencée.

L'article 646 du Code civil veut que tout propriétaire puisse obliger son voisin au bornage de leurs propriétés contiguës. Eh bien, la fixation de la hauteur des eaux est un simple bornage. Votre voisin construit une usine, vous craignez qu'il ne change le régime de la rivière relativement à vous, et que, la dépense de sa construction faite, il résiste avec toute l'opiniâtreté de la chicane à votre demande qui serait juste, mais qui alors lui occasionnerait une grande perte ; vous le forcez à constater par une borne mitoyenne la hauteur de l'eau au point de votre contiguité : alors tout est réglé entre vous, il fera après tout ce qu'il voudra. Mais la rivière n'a pas une hauteur constante; la sécheresse, la saison pluvieuse, les orages, la gonflent ou l'abaissent; cette borne doit donc être graduée: c'est ce qu'on nomme en terme de l'art un *repaire*.

Mais cette graduation ne vous apprendrait pas si l'eau, quand elle se relève sur vous, l'est par le fait de votre voisin, ou par le gonflement accidentel de la rivière indépendant de lui. Vous le forcez donc à reconnaître la pose d'un second repaire plus loin sur votre terrain, en remontant, qui, gradué de même, vous indiquera d'une manière incontestable si le gonflement est naturel ou s'il n'est causé que par un obstacle mis par votre voisin. Celui-ci peut craindre que ce second repaire, éloigné de sa limite et hors de sa surveillance, ne soit frauduleusement altéré : alors il vous force à reconnaître la pose d'un troisième repaire, gradué de même, placé plus loin en descendant sur son fonds, et hors de votre dépendance, comme le vôtre est hors de la sienne. La ligne principale de ces deux repaires étant coordonnée avec celle du repaire mitoyen, et le procès-verbal de plantation de bornes faisant mention de leur différence de niveau, il ne peut plus y avoir d'erreur entre votre voisin et vous, car la variation des niveaux doit suivre vos graduations. Cet ordre est important à établir, non-seulement relativement aux usines, mais plus généralement pour le curage des rivières et le dessèchement des prairies marécageuses.

Nous trouvons donc dans l'application au régime des eaux de deux seuls articles du Code civil toute la législation sur cette matière, et dans la suppression des décrets impériaux et arrêtés contraires le rétablissement des principes et la fin de l'impénétrable obscurité dont ils les avaient enveloppés. Il n'est pas nécessaire d'une nouvelle loi pour appliquer une loi comme celle du Code civil, pour abolir des décisions qui l'altèrent, et qui n'ont pas le caractère législatif.

Il suffit, pour cela, d'une circulaire aux préfets, en vertu des ordres du Roi. Le ministre de l'intérieur leur rappellerait qu'ils n'ont de surveillance directe à exercer que sur les cours d'eau de navigation, de flottage, de dessèchement ou d'irrigation généraux confectionnés par entreprise, sous la direction de l'autorité publique; que la loi du 20 août 1790, qui les charge d'indiquer les moyens de procurer le libre cours des eaux ne leur donne pas l'attribution de connaître des contestations entre particuliers, mais les invite à proposer au Gouvernement des vues sur l'utilité publique dont les eaux de leur département peuvent être; qu'ils ont à en référer aux tribunaux lorsque le service public peut être intéressé à l'observation des règlemens locaux; que la hauteur et la distribution des cours d'eau particuliers ne les concernent que quand elles importent à un établissement public, comme, par exemple, si une retenue d'eau, faite pour le service d'une usine, submerge, lors des grandes eaux, une grande route, on y entretient l'humidité par les filtrations des eaux moyennes; et qu'enfin ce qui est propriété est de la compétence des tribunaux,

Le garde des sceaux ferait en même temps connaître aux tribunaux que les contestations sur les cours d'eau particuliers, dont s'étaient emparées quelques administrations départementales, seront à l'avenir généralement de la compétence judiciaire, comme elles y sont restées dans quelques autres départemens. La législation devant être uniforme dans le royaume, il leur dirait comment ils doivent appliquer les articles 640, 645 et 646 du Code civil.

Le ministre des finances ordonnerait aux ingénieurs du cadastre, ainsi que le demandent quelques conseils généraux, de limiter les niveaux des eaux, et d'en rapporter la hauteur à des points fixes pris sur de grandes constructions. Il faudrait qu'ils plaçassent des repaires au moins à la limite de chaque commune, et peut-être à la limite de chaque section de commune sur les cours d'eau très-employés.

Le ministère entier est peut-être convaincu de l'importance de retracer la démarcation entre les attributions judiciaires et l'action administrative. Je dis peut-être, parce qu'avec la même déférence au pouvoir royal, les uns en croient l'influence plus respectable à mesure que son étendue pénètre dans plus d'intérêts privés ; les autres la placent plus haut, au-dessus des disputes. Les rois sont les plus faciles à convaincre que les grands moteurs leur importent autant que les petits mouvemens les embarrassent et les affaiblissent.

Tout Français peut s'adresser au pouvoir royal, au ministre, au conseil d'état, enfin aux chambres : mais qui le peut à une si grande distance de l'individu ? Il faut que chacun ait, dans tous les cas, à sa portée le sentiment de sa sécurité, qu'il ne placera jamais dans un seul homme ; il lui faut un recours à des juges. Il est temps de penser à instituer ce recours.

La réformation des attributions administratives, et la réhabilitation de la justice, est une affaire d'état qui doit être amenée avec prudence à sa maturité. Elle peut être faite insensiblement ; et la matière qui vient d'être traitée en est une occasion. Le temps, qui modère les excès ; la conviction, qui se forme sur la succession des exemples ; le goût de l'ordre, qui revient toujours, amèneront bientôt à être une vérité banale ce qui peut paraître n'être encore qu'une proposition neuve, malgré l'antiquité de son origine. La fortune des gouvernemens est livrée à leur justice.

FIN.

www.ingramcontent.com/pod-product-compliance
Ingram Content Group UK Ltd.
Pitfield, Milton Keynes, MK11 3LW, UK
UKHW022113170726
13837UKWH00003B/1188

9 782329 426365